Woodland Art – Marker Designs
Volume 2

By: Jonathan Edward
Achneepineskum

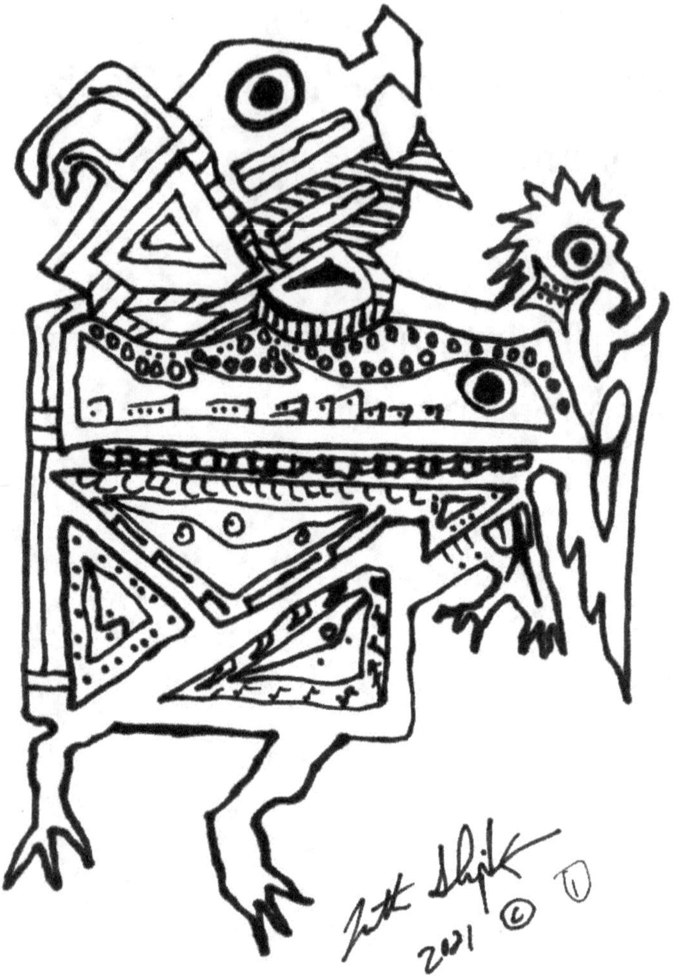
2021 ©

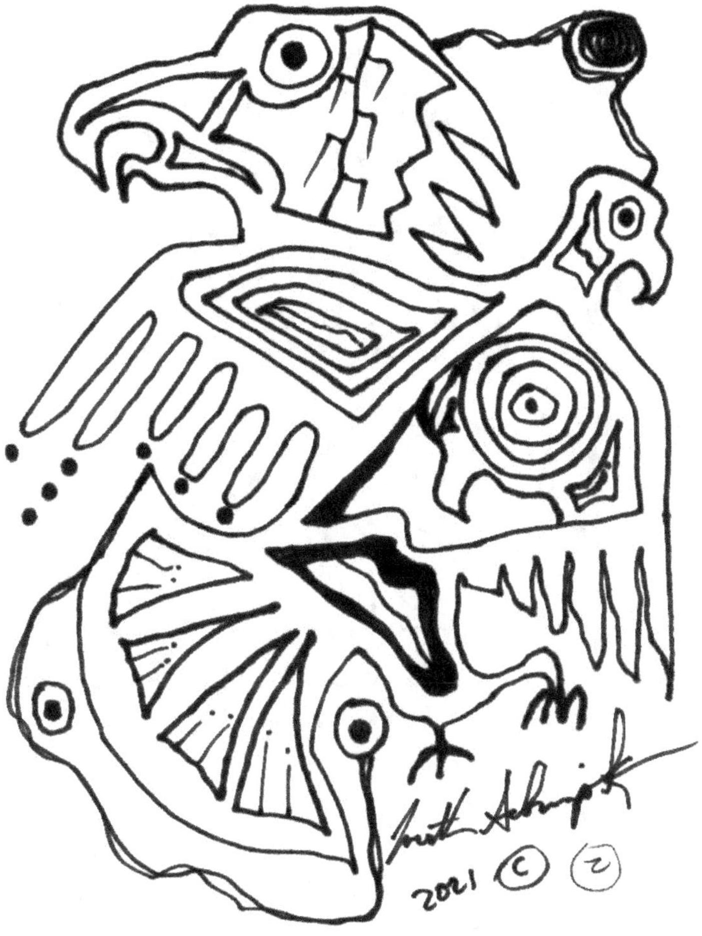
2021 ©

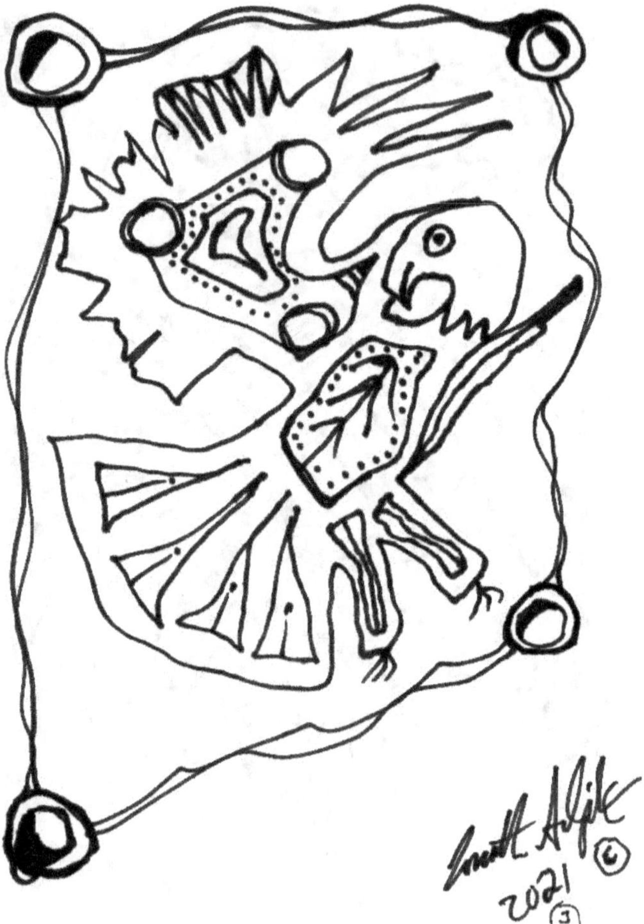
2021

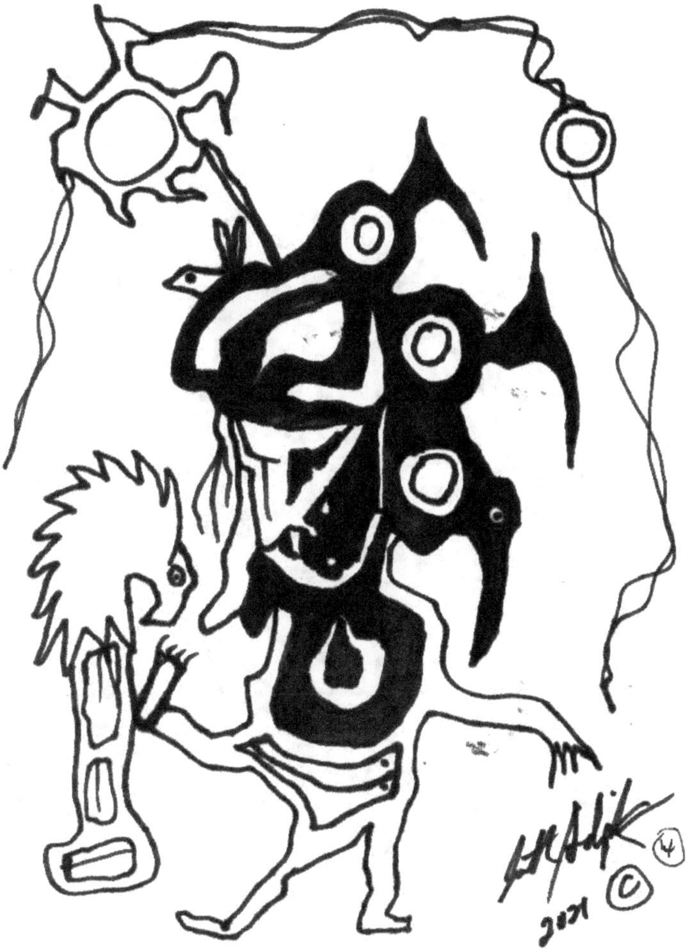
2021

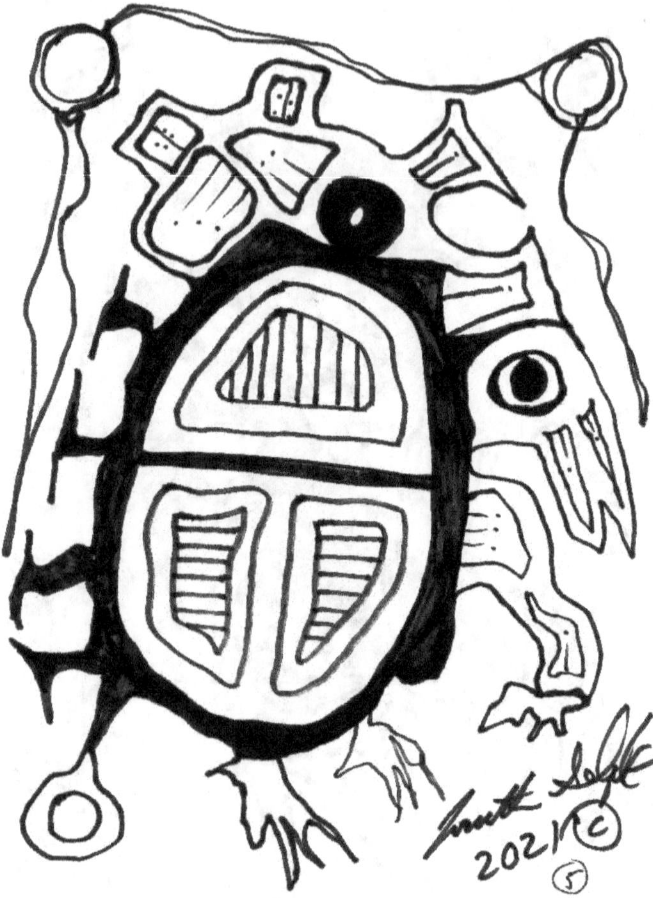
2021 ©

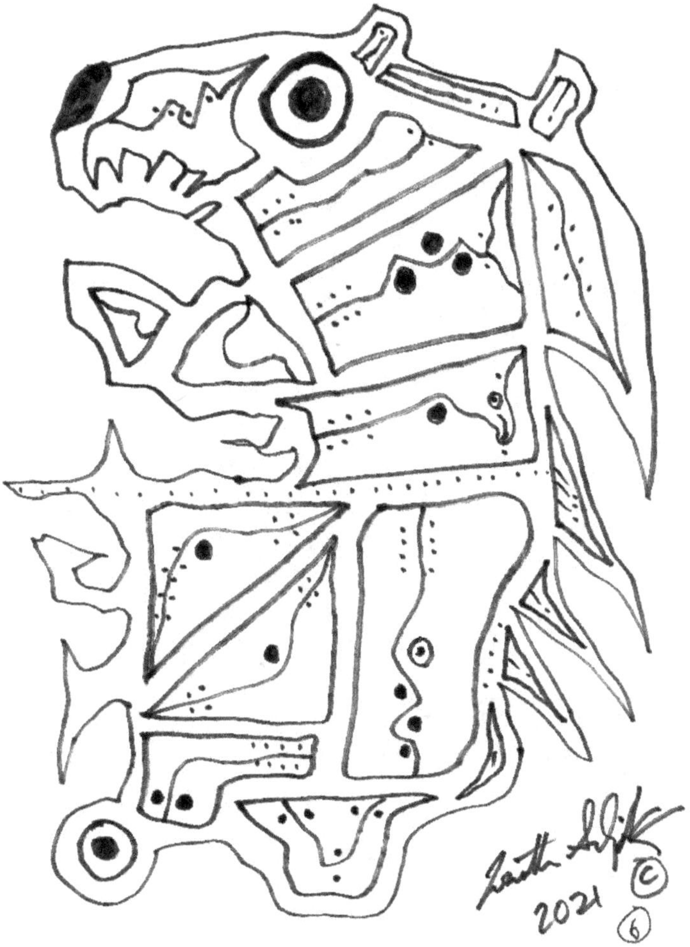
2021

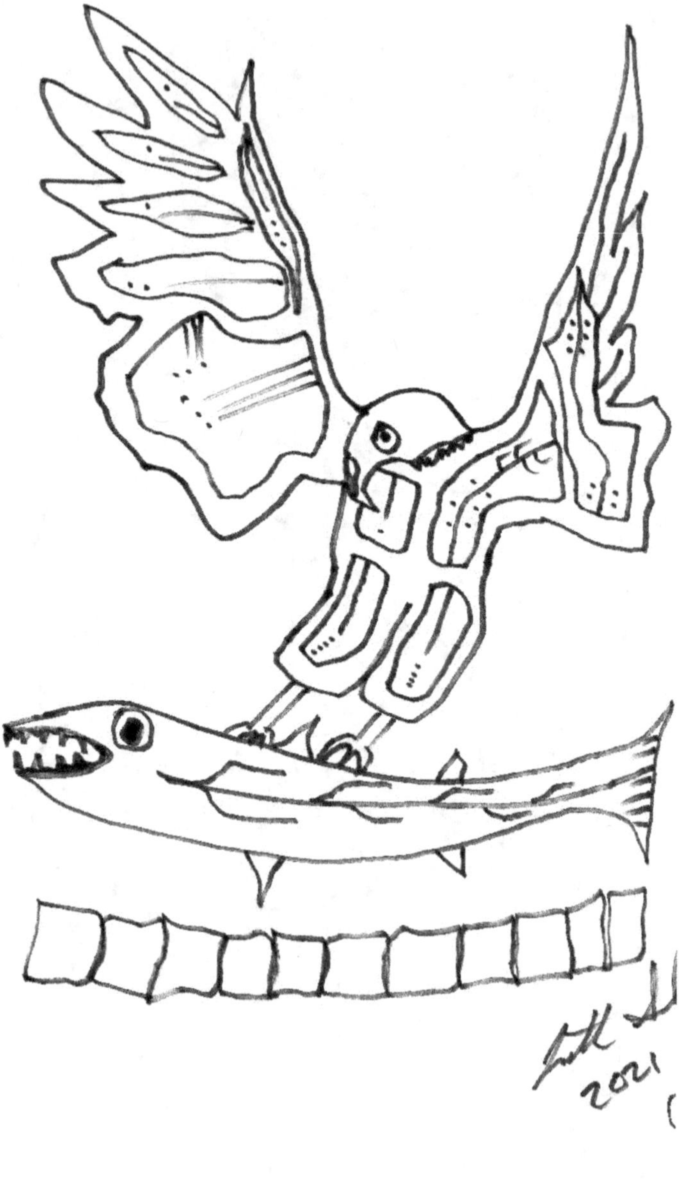
2021

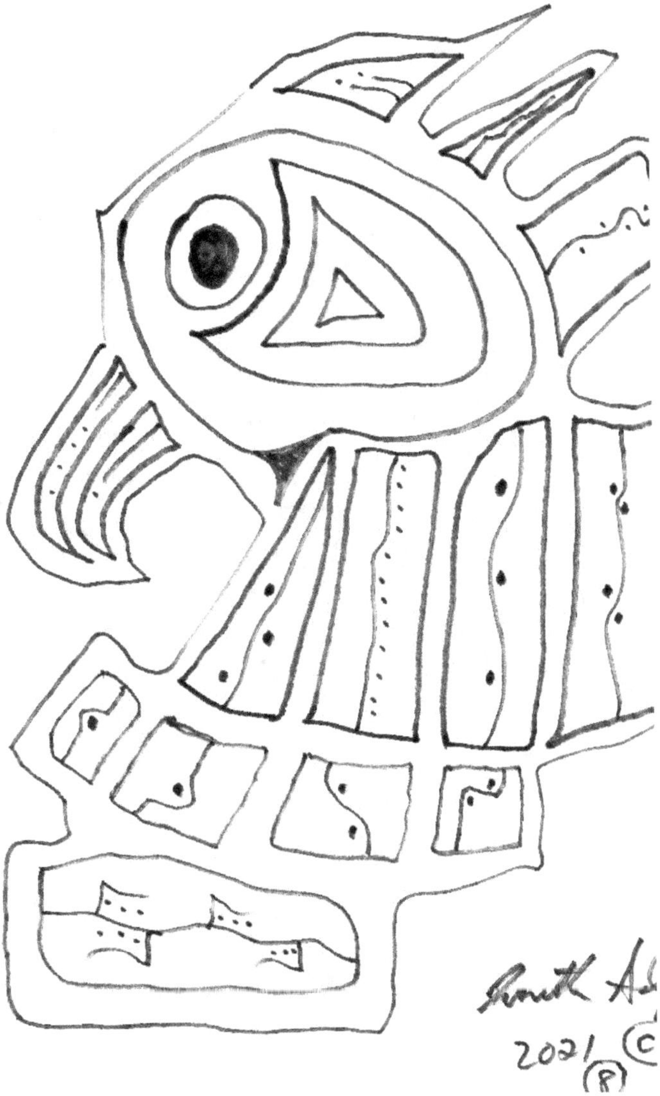
2021

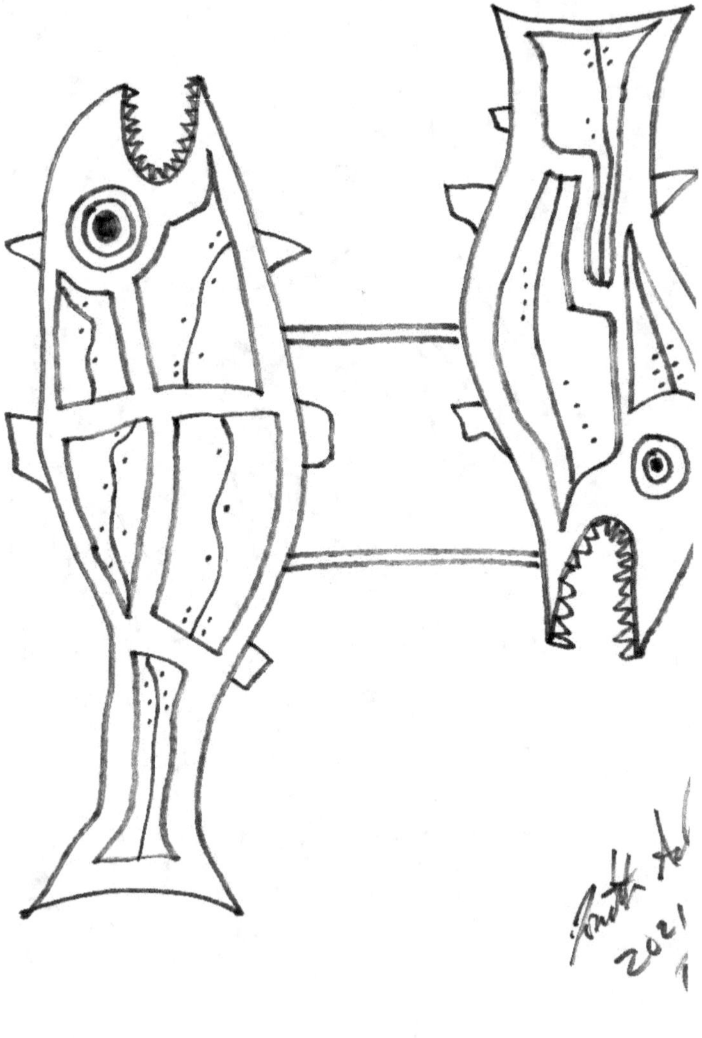
2021

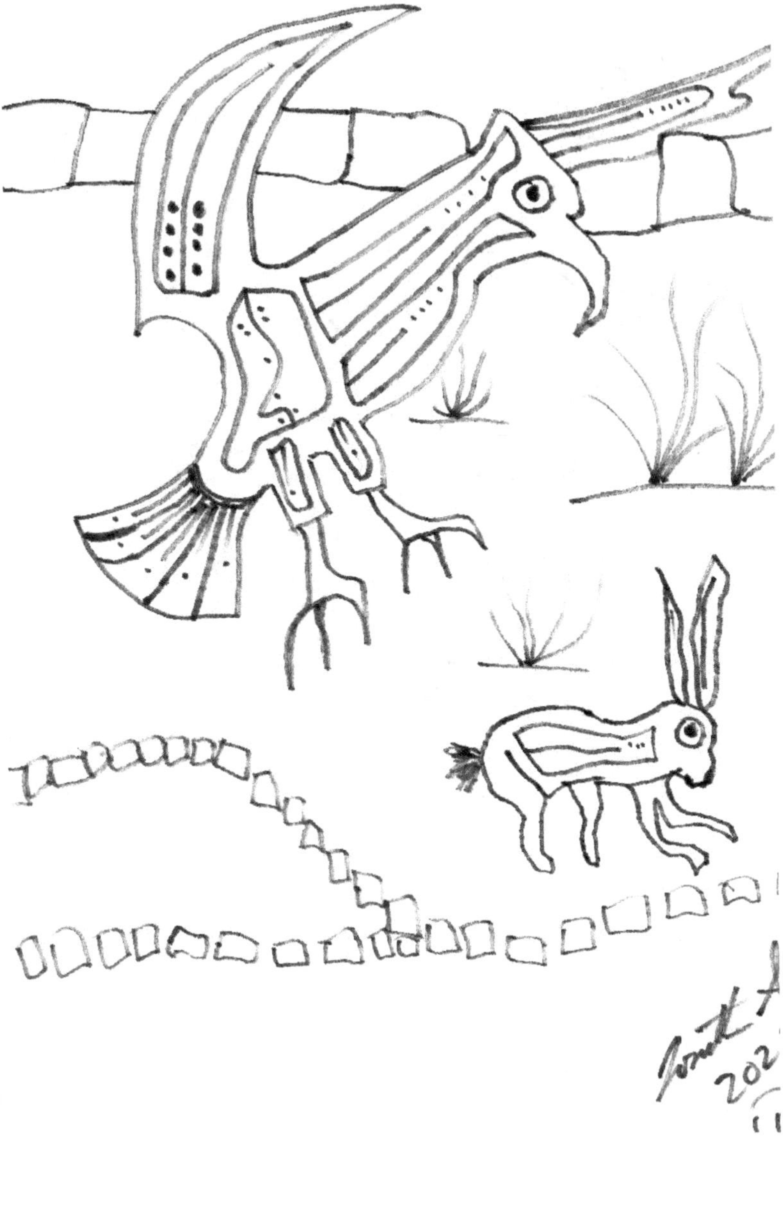

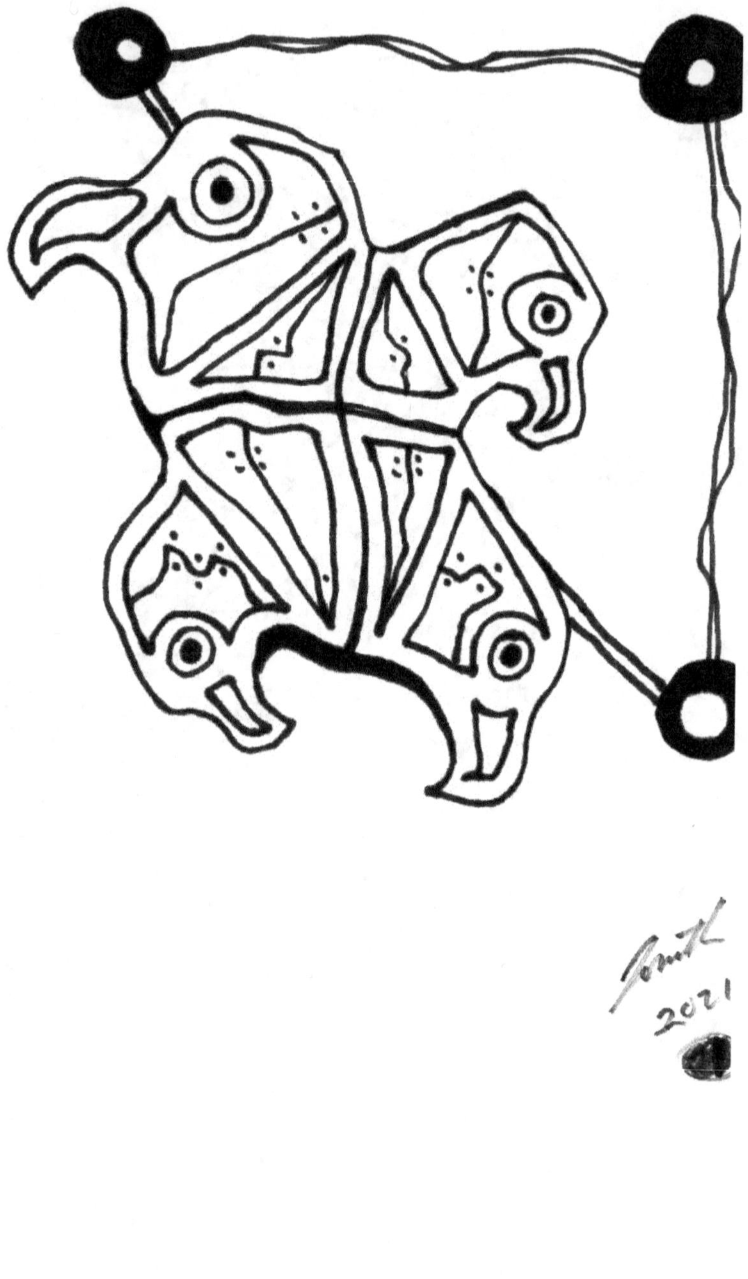
2021

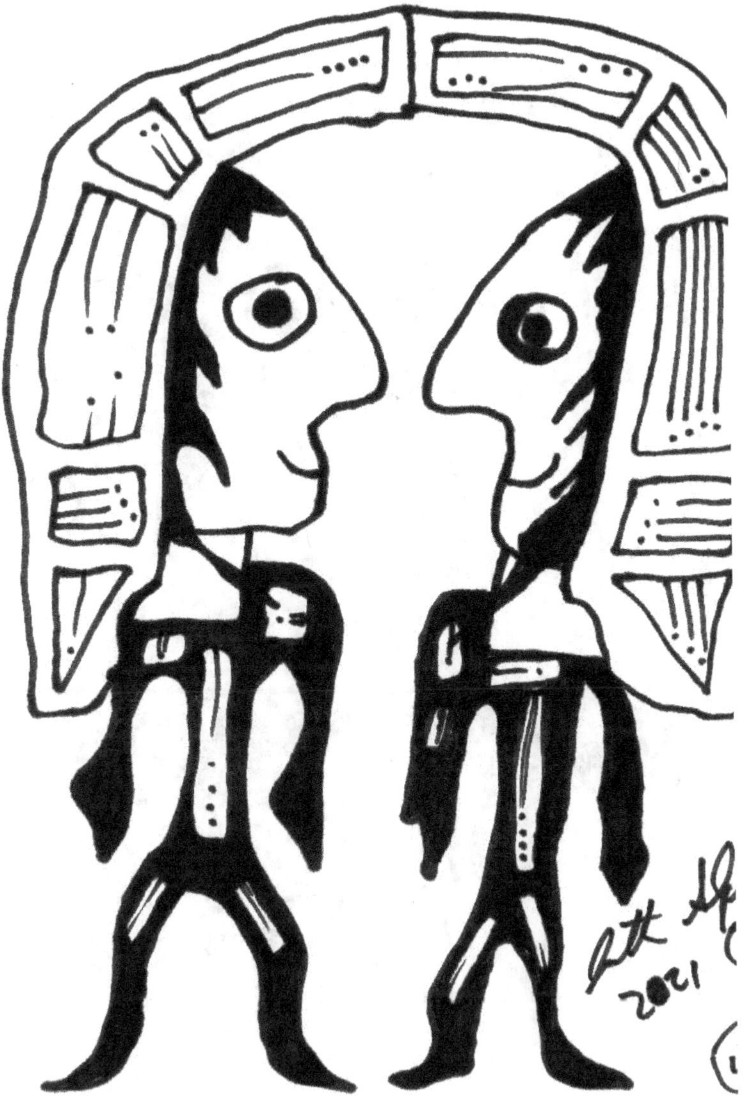
2021

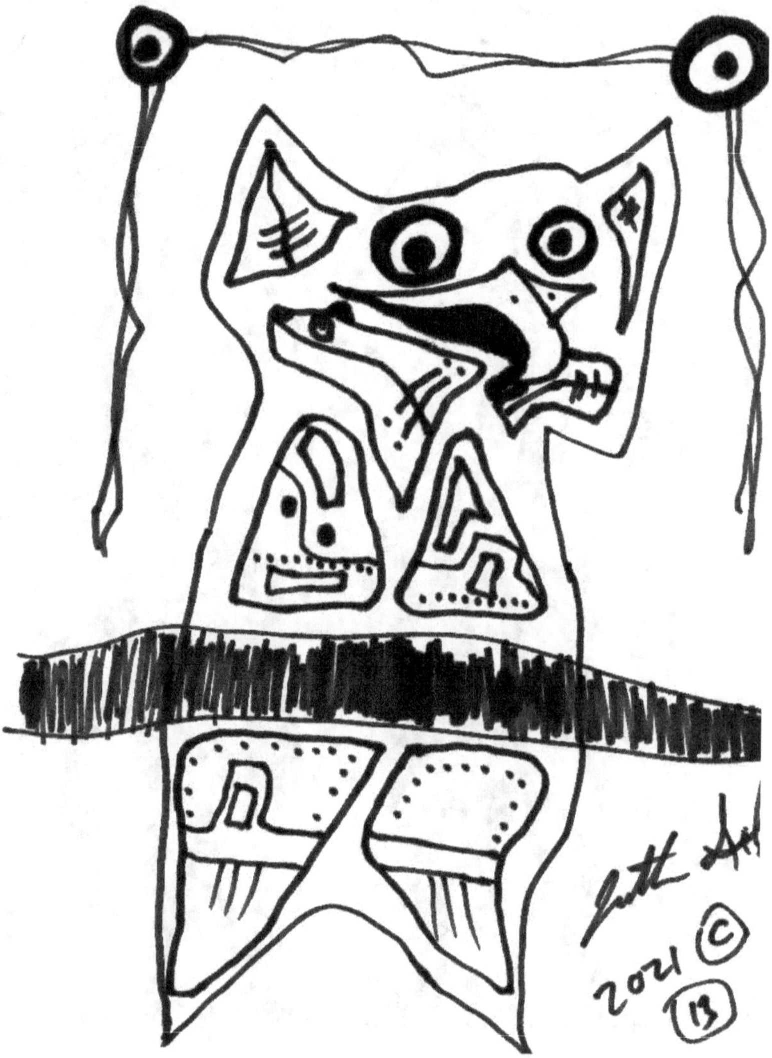
2021 ©
13

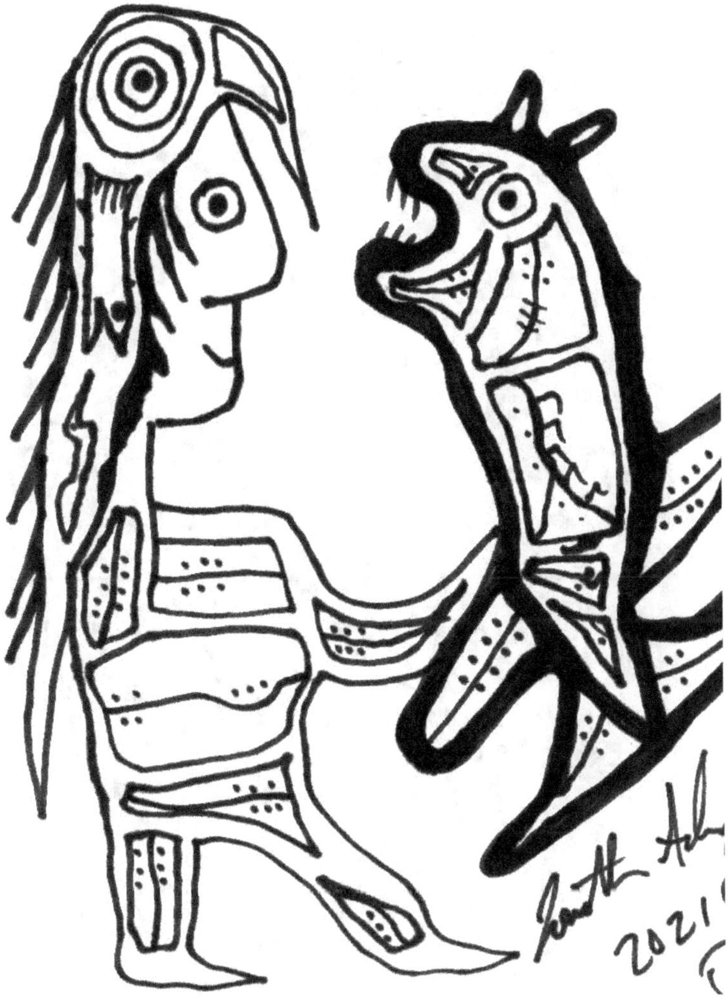

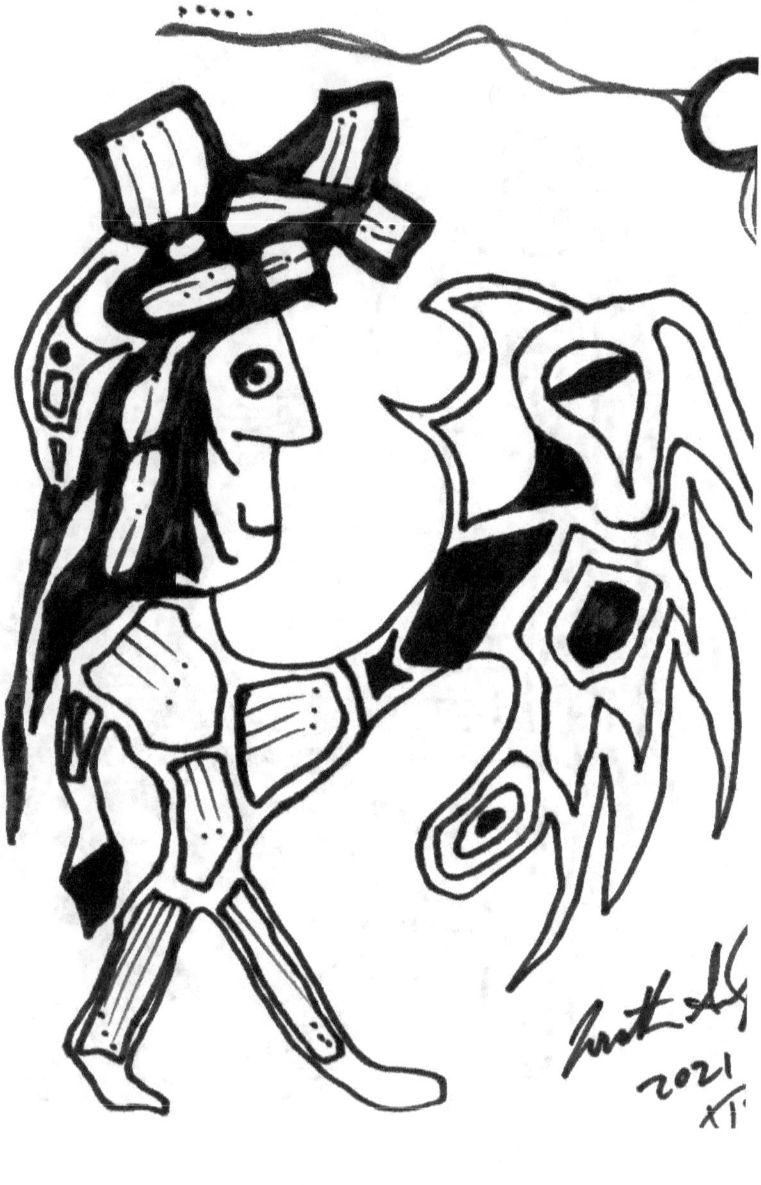
2021

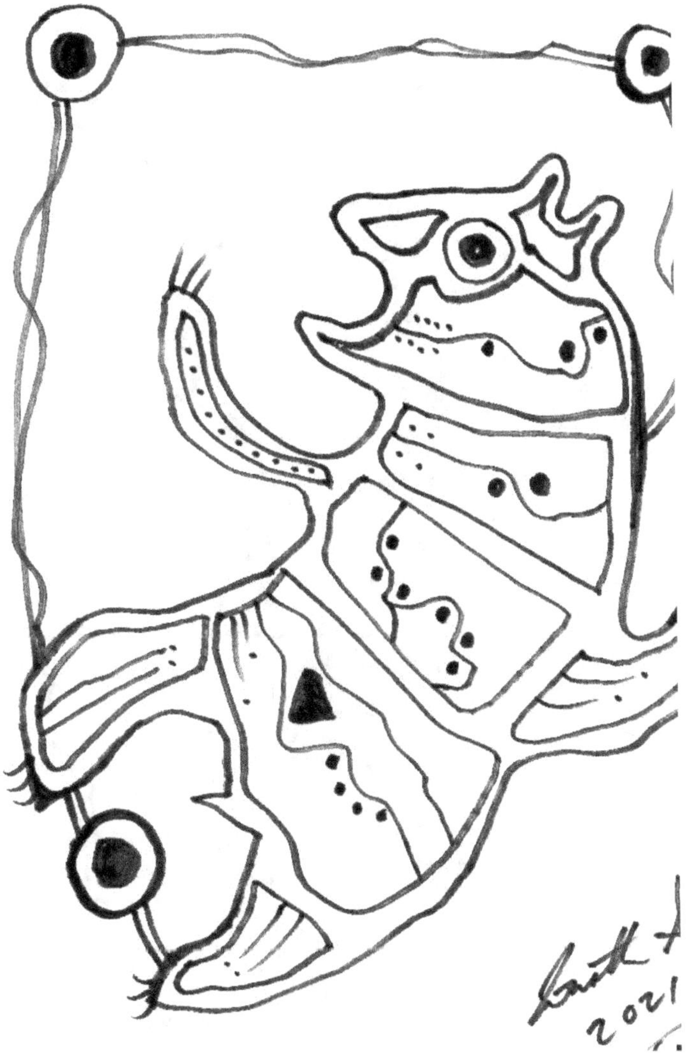
2021

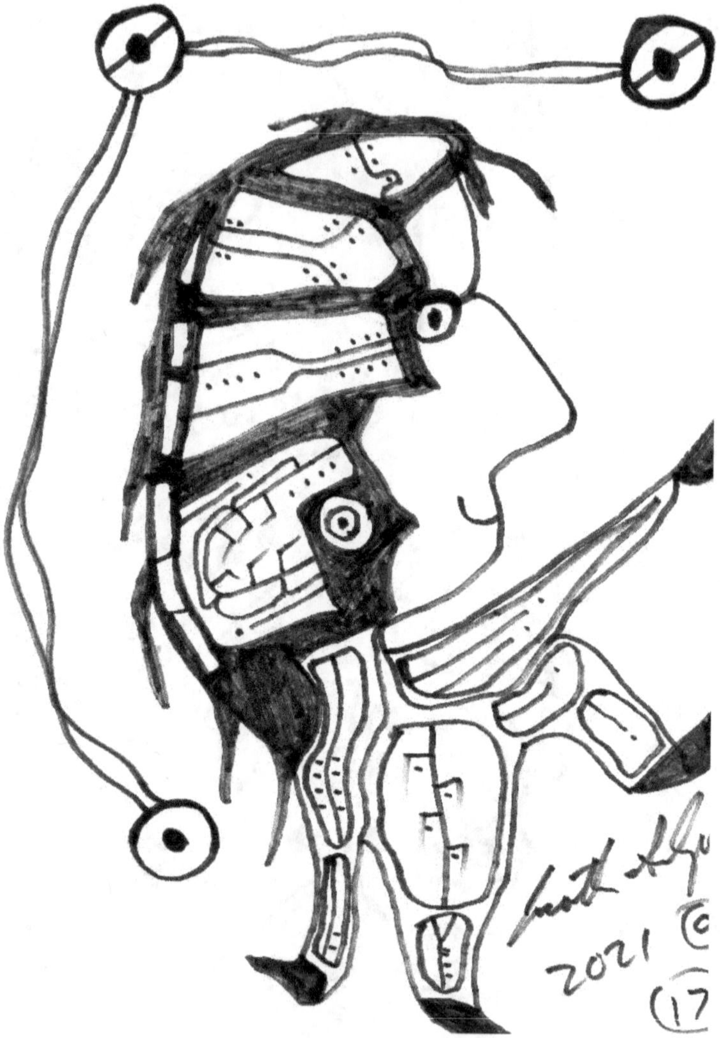
2021

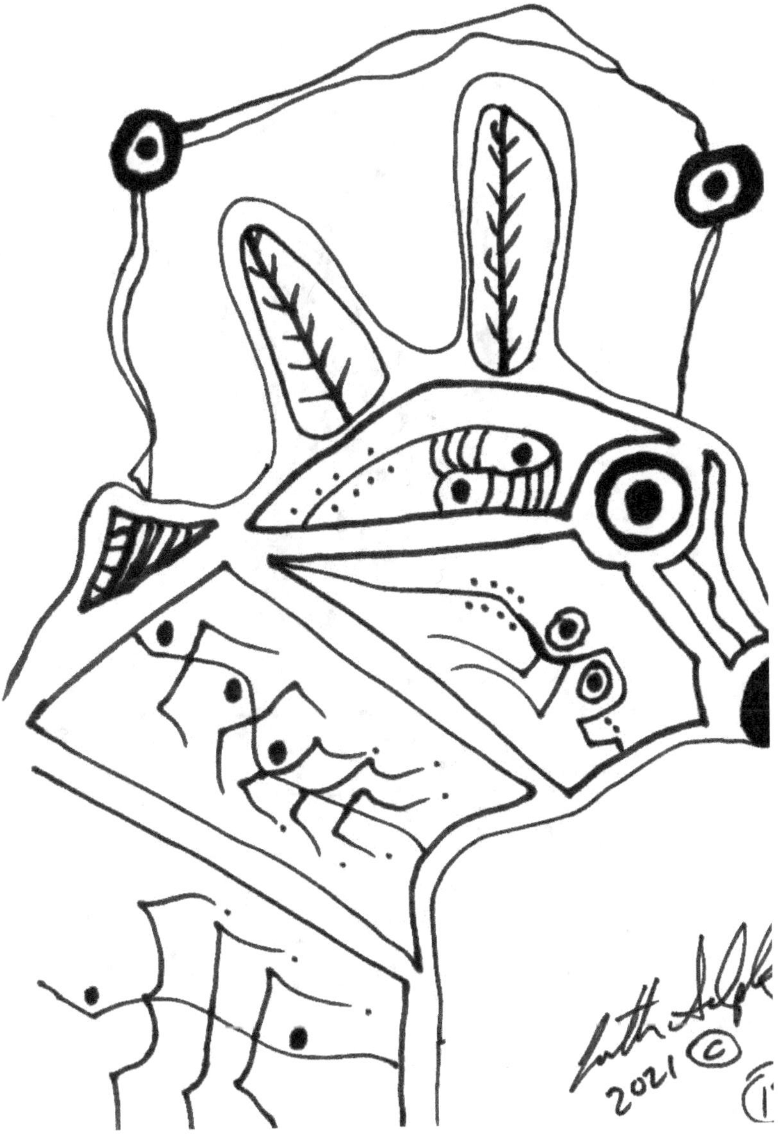
2021 ©

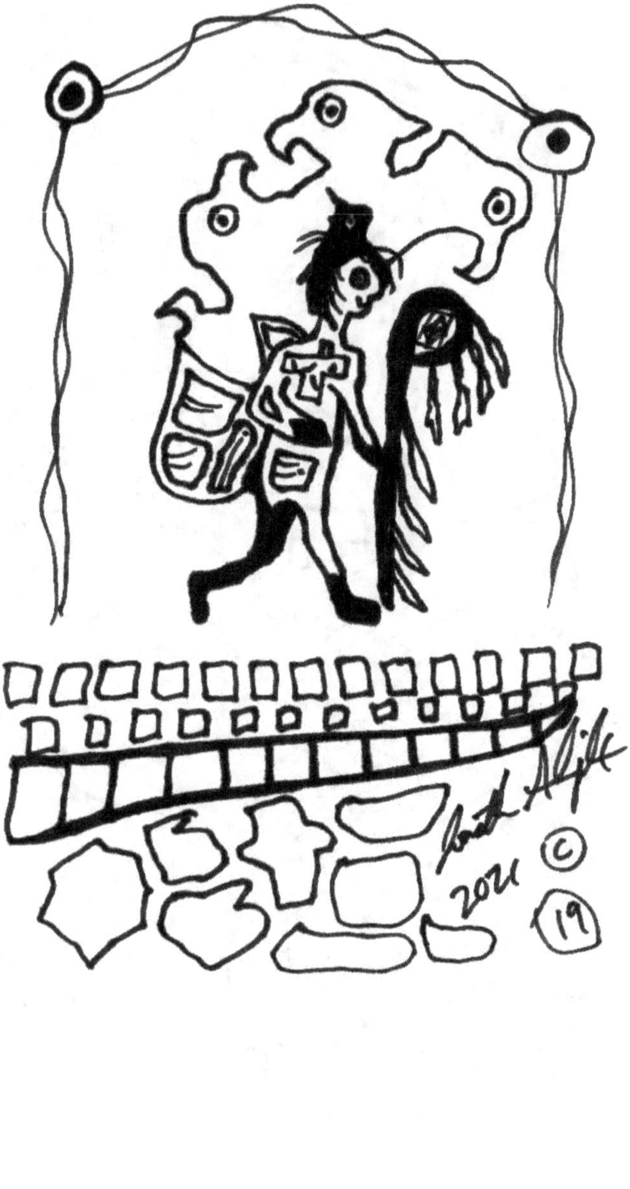
2021 ©
19

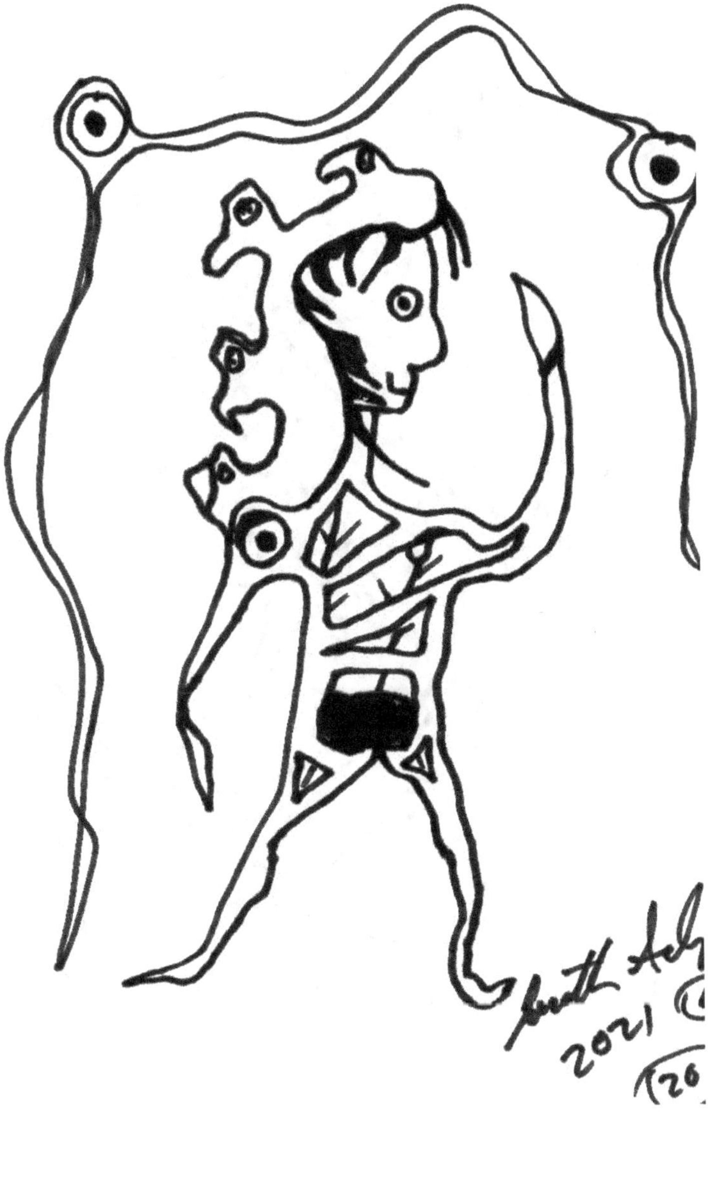
2021

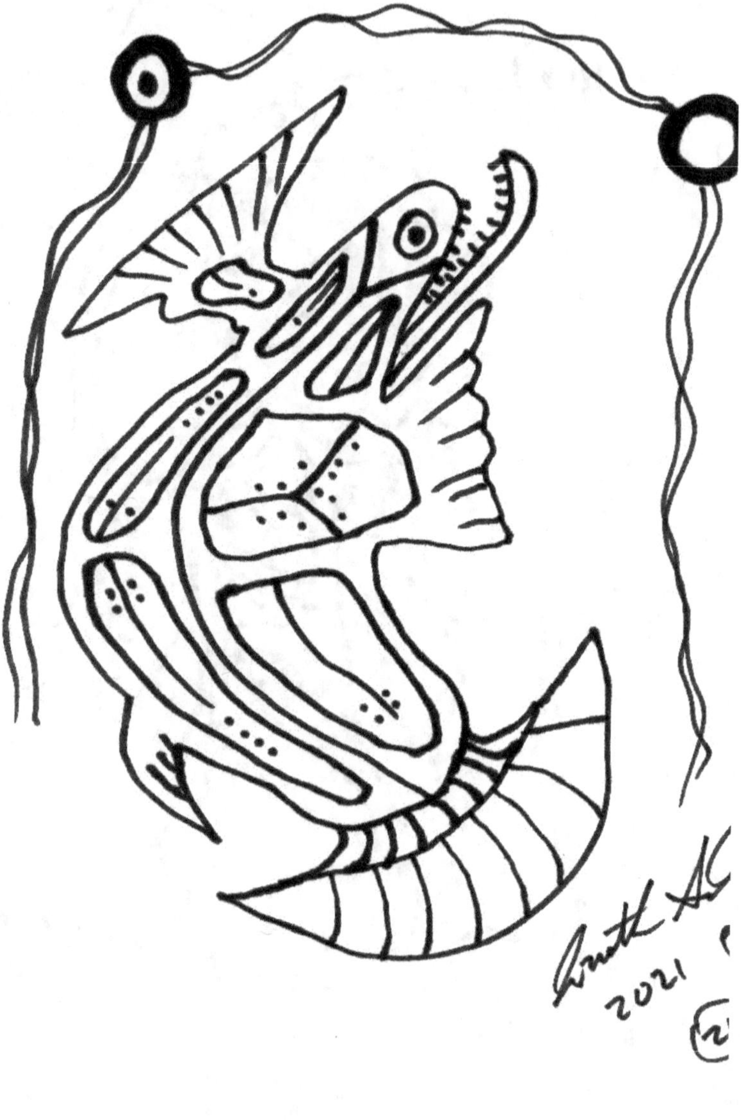
2021

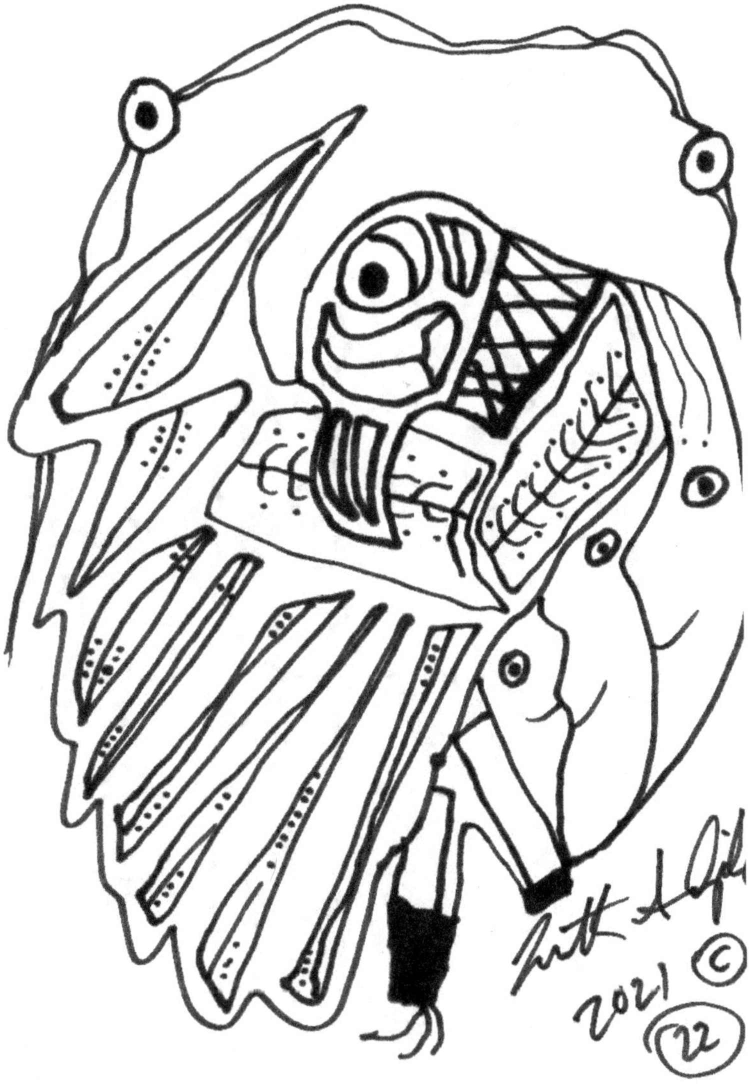
2021 ©
22

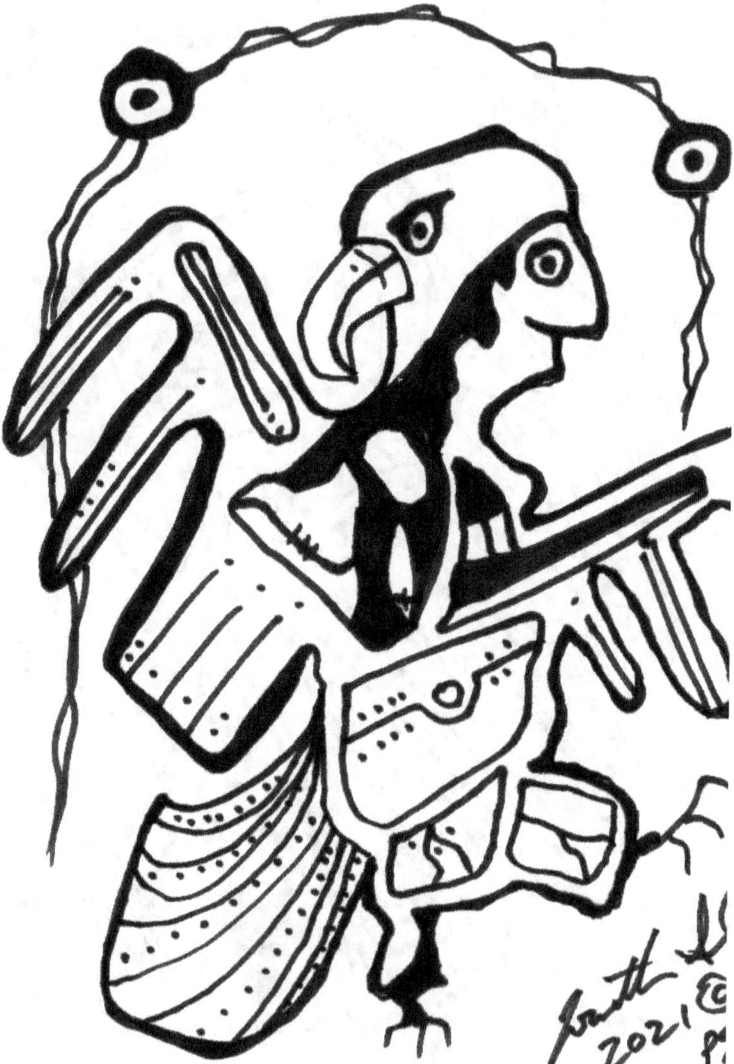
2021

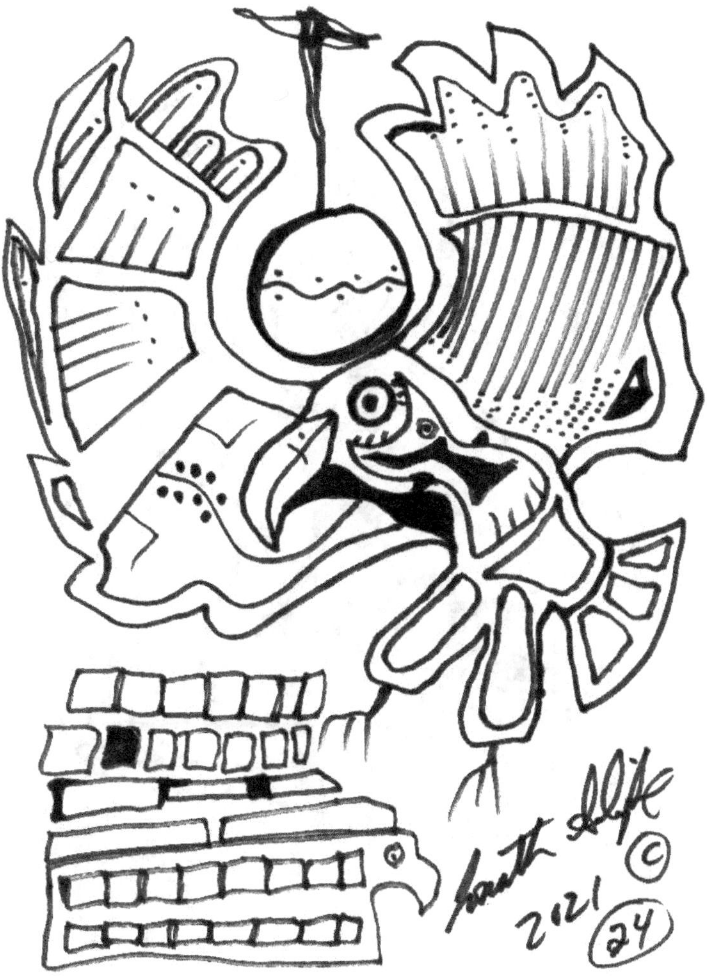

2021
24

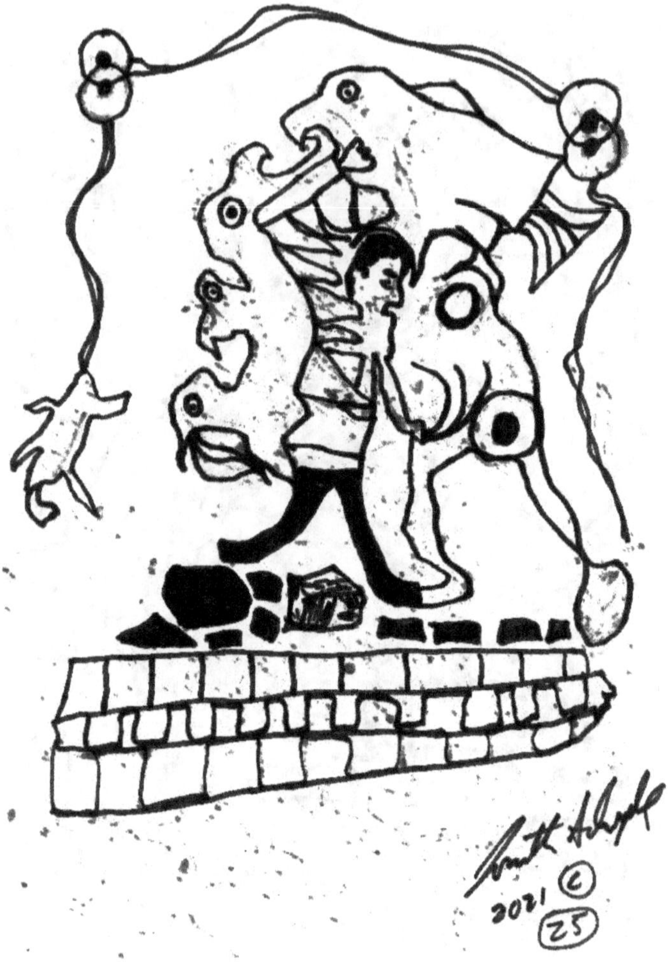
2021 ©
25

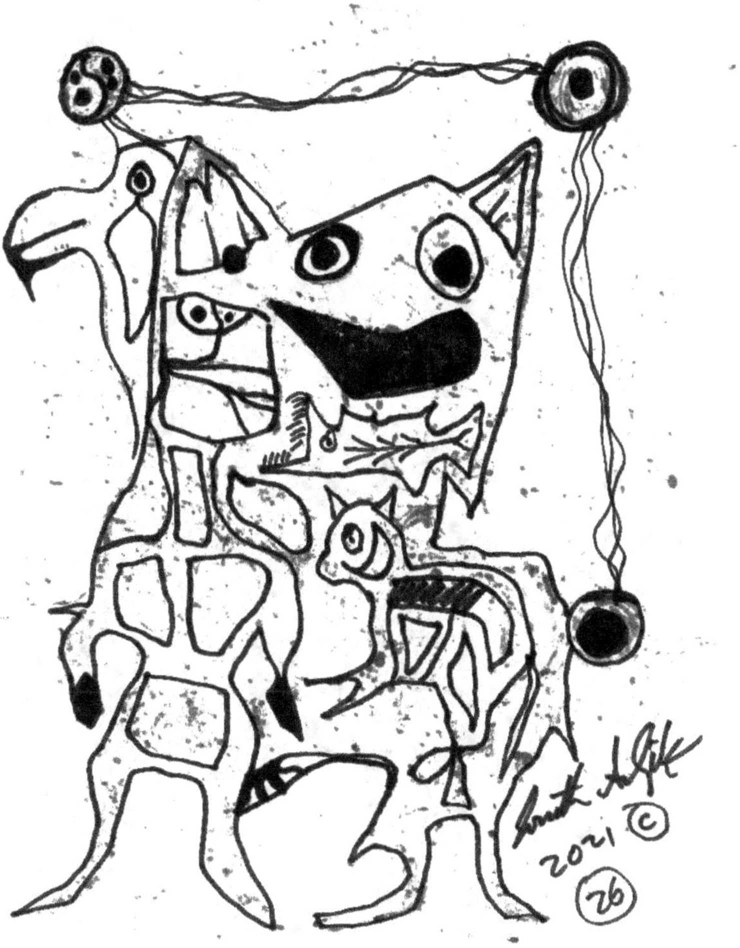
2021 ©
26

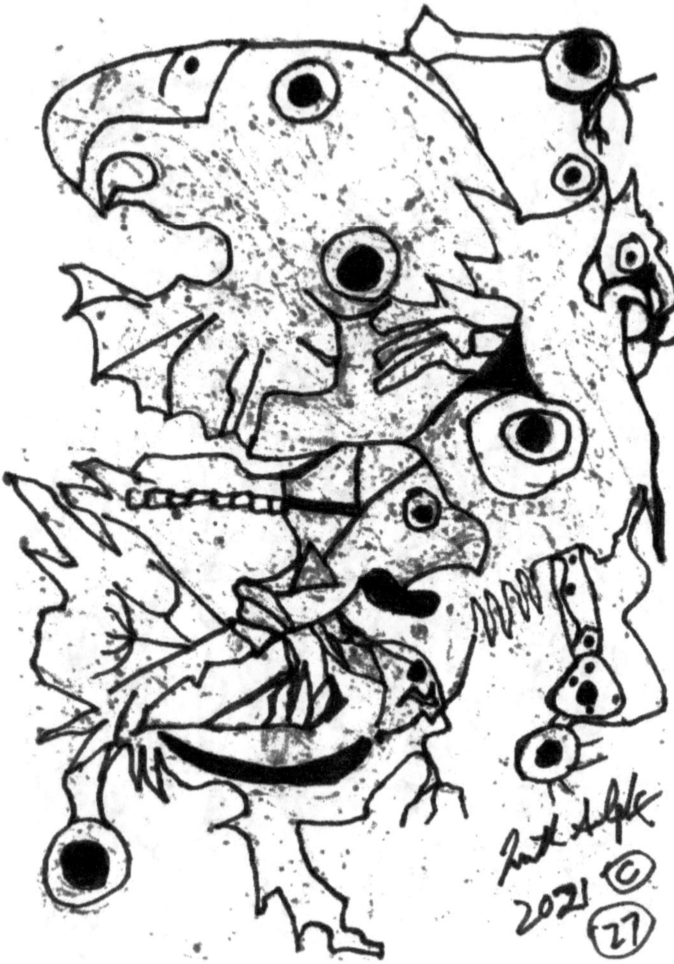
2021 ©
27

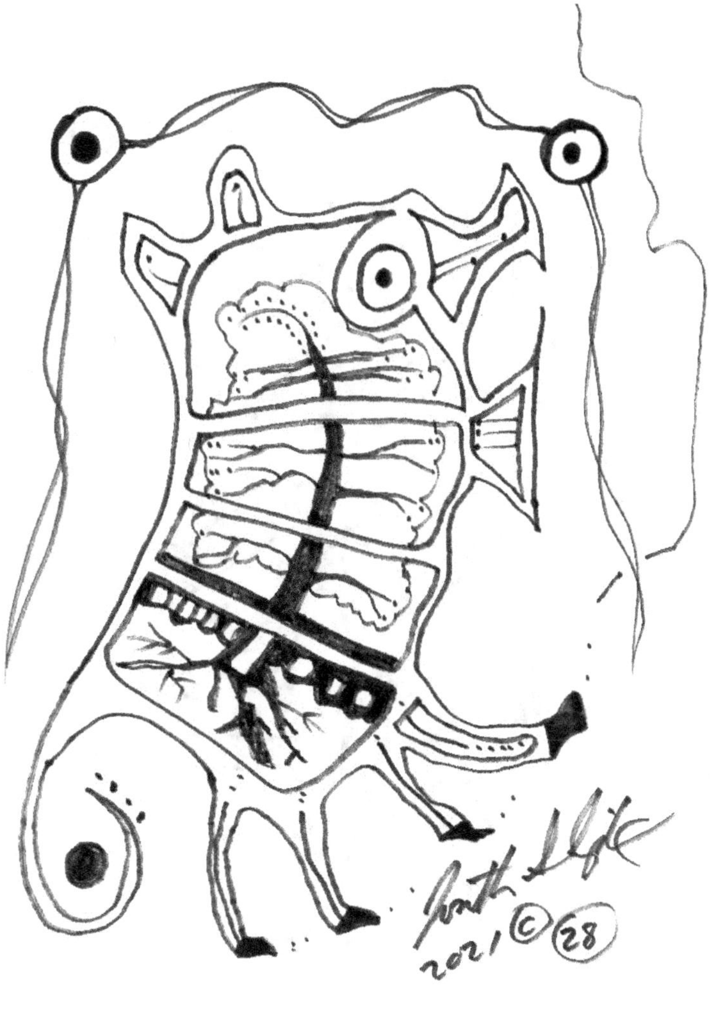
2021 ©
28

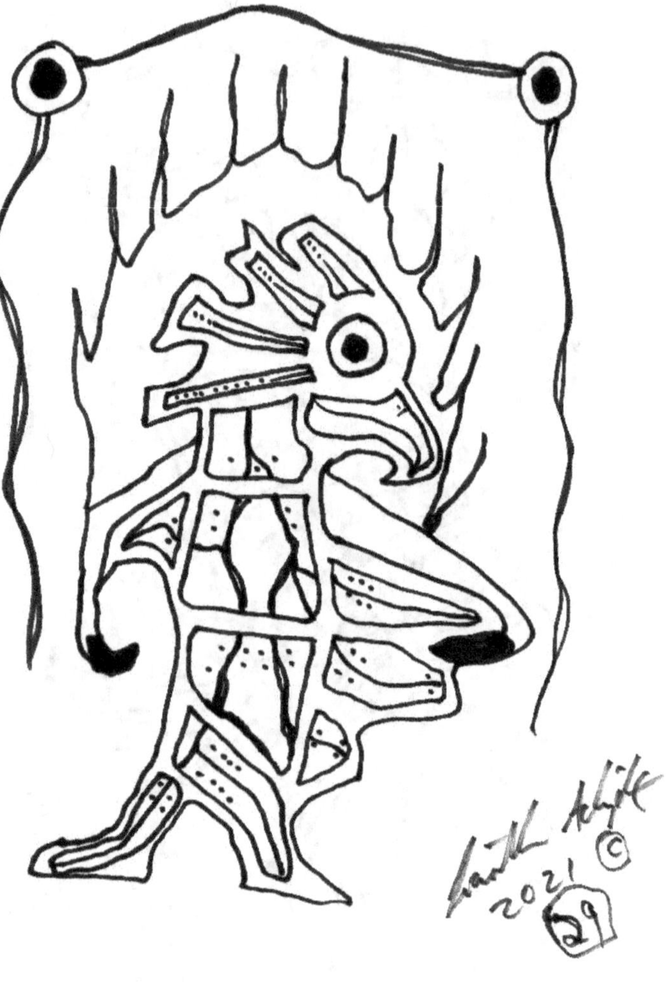
©
2021
29

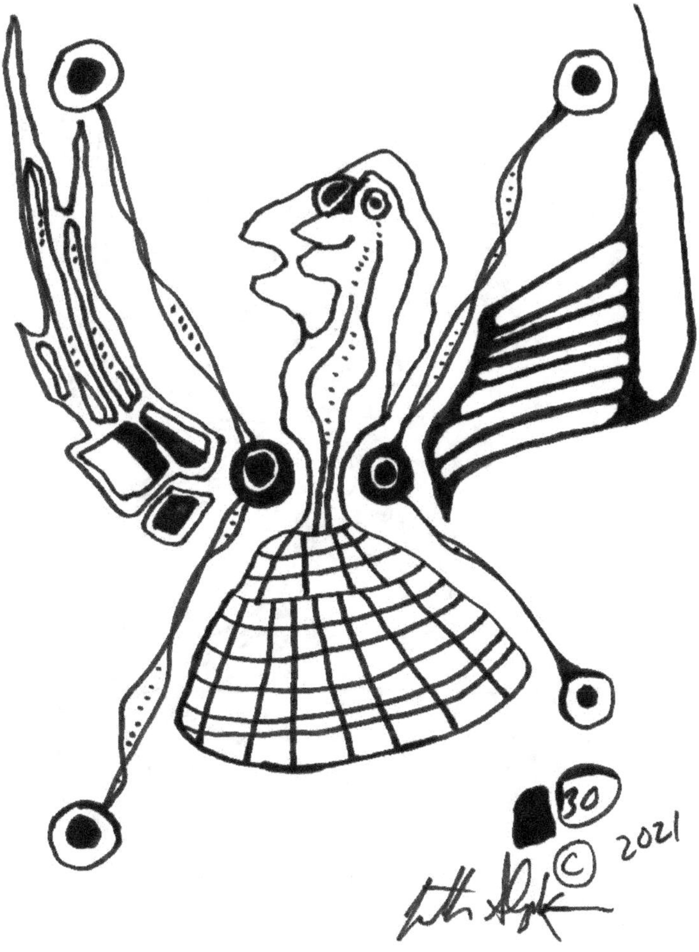
30
© 2021

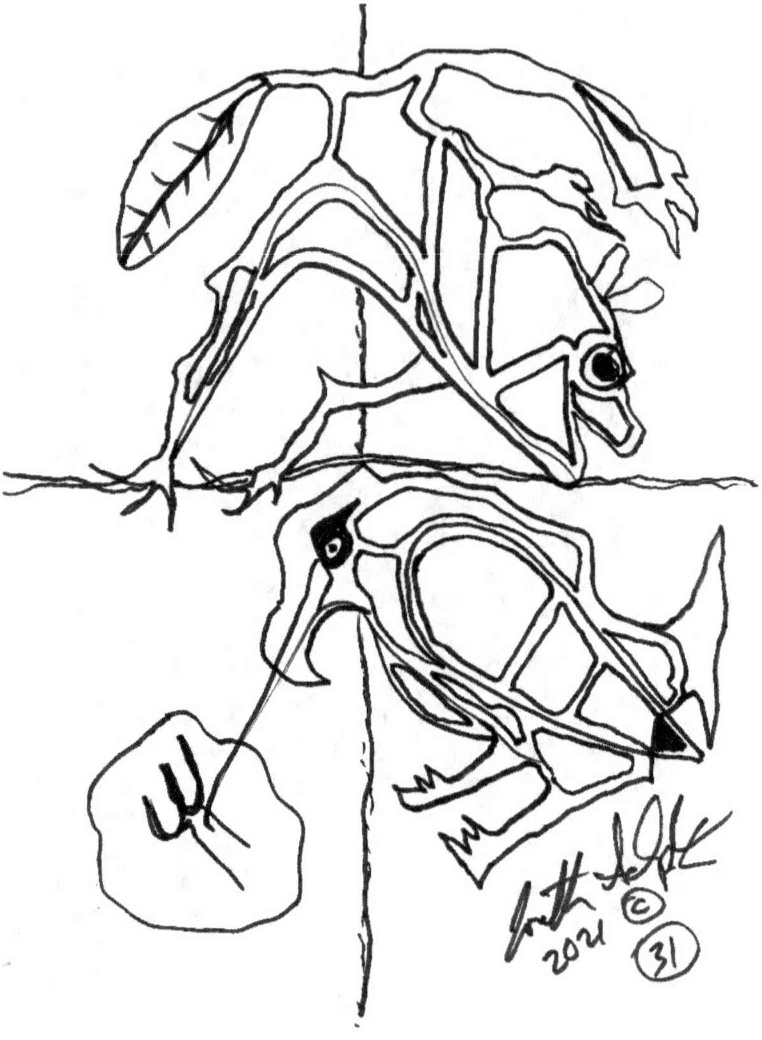
©
2021
31

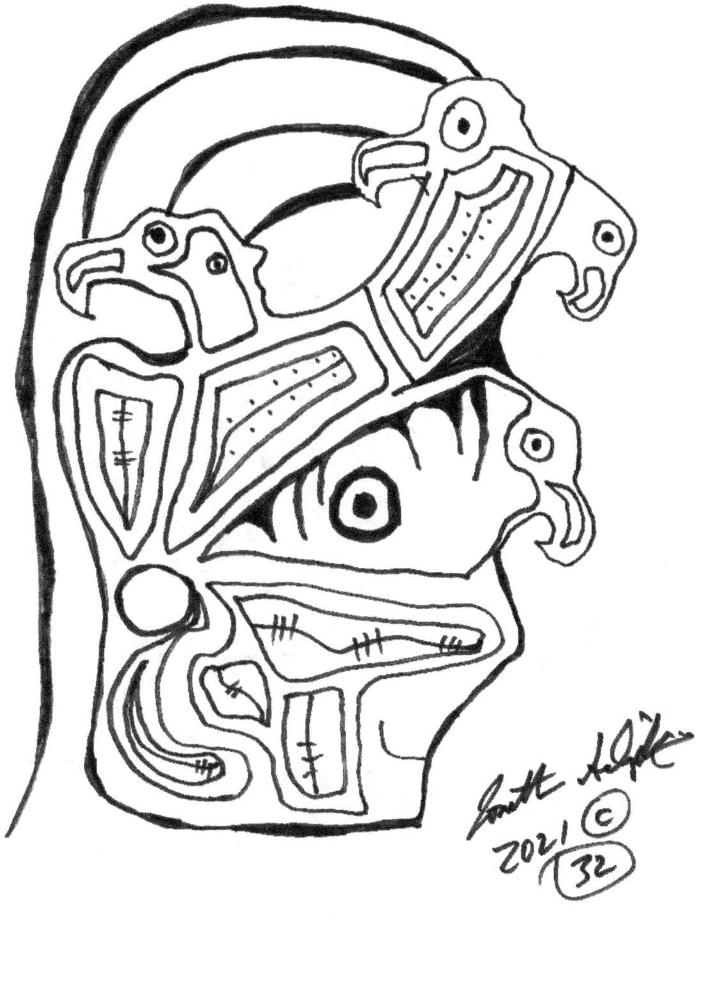
2021 ©
32

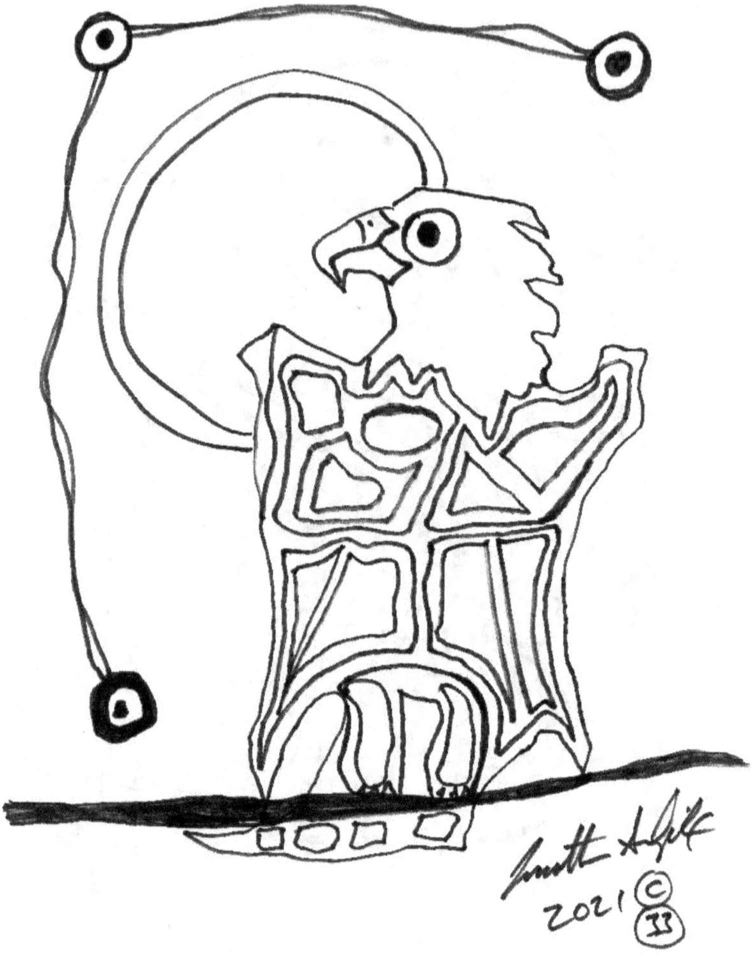
2021

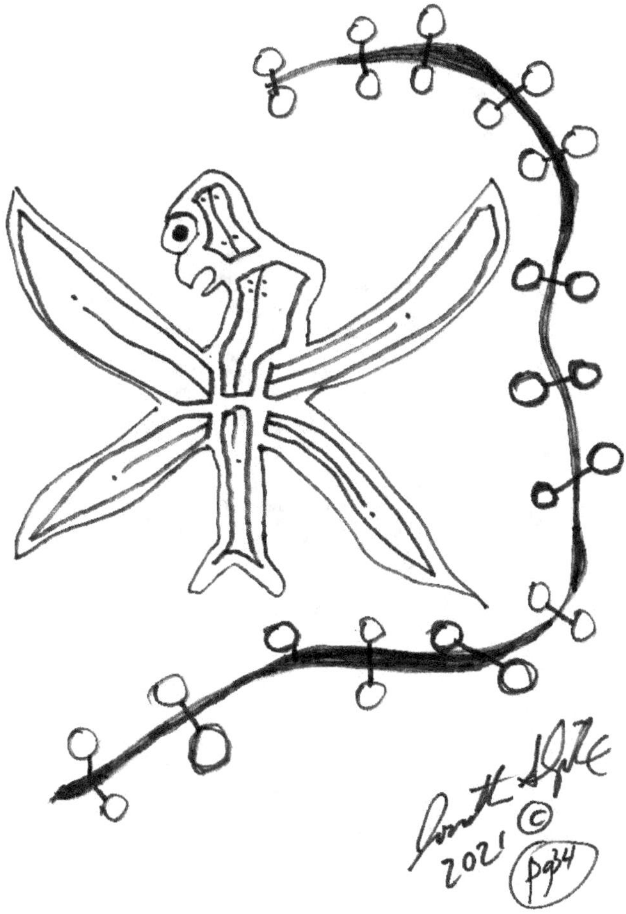
2021 ©
pg34

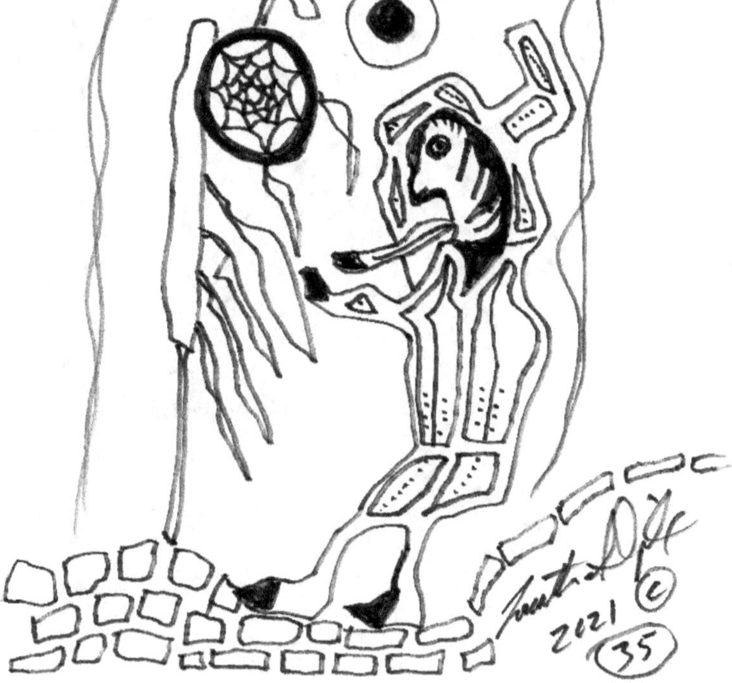
©
2021
35

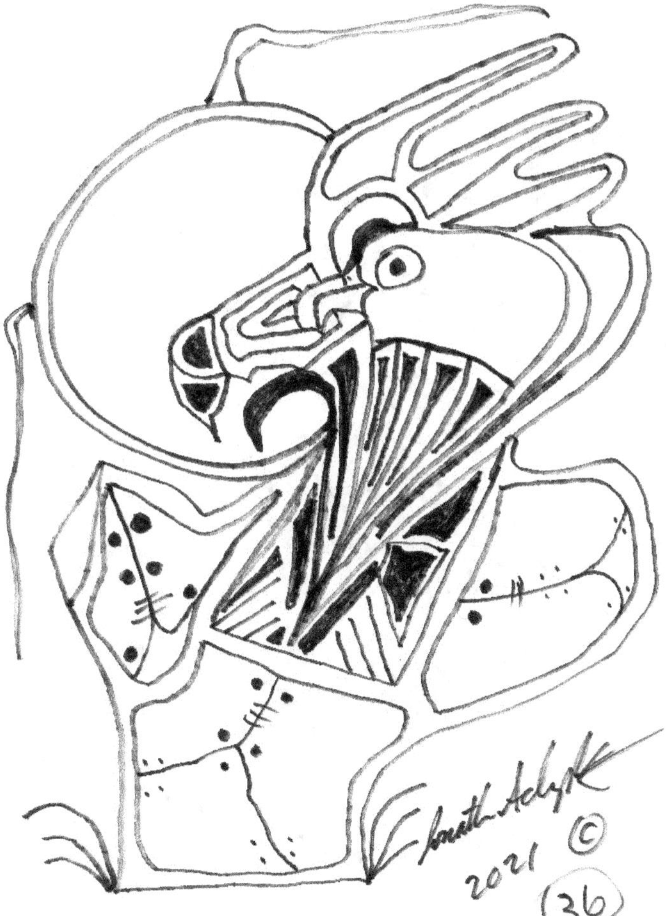
2021 ©
36

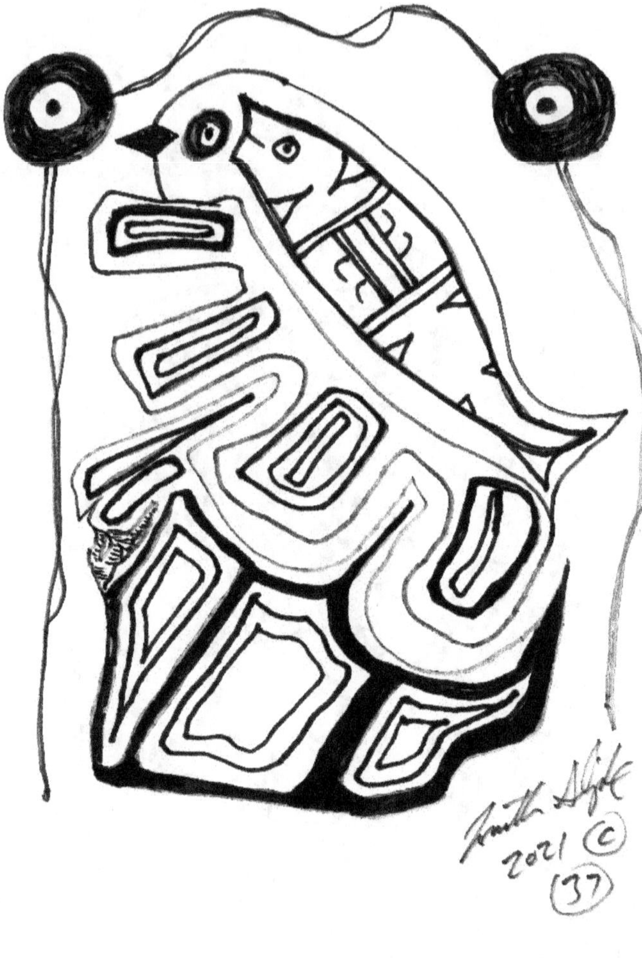
2021 ©
37

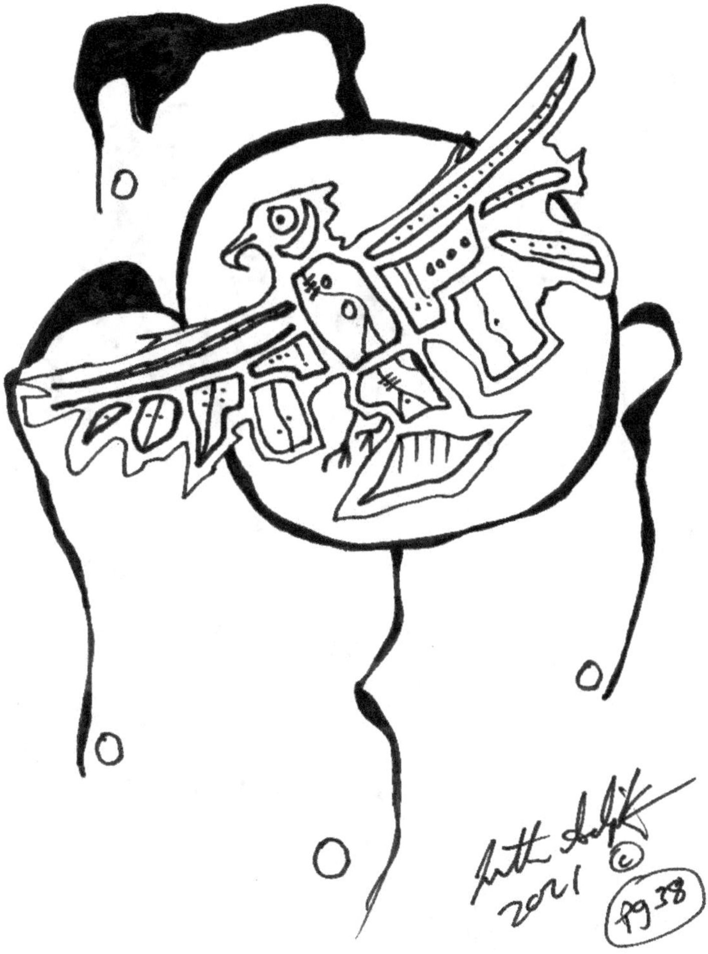
2021 ©
pg 38

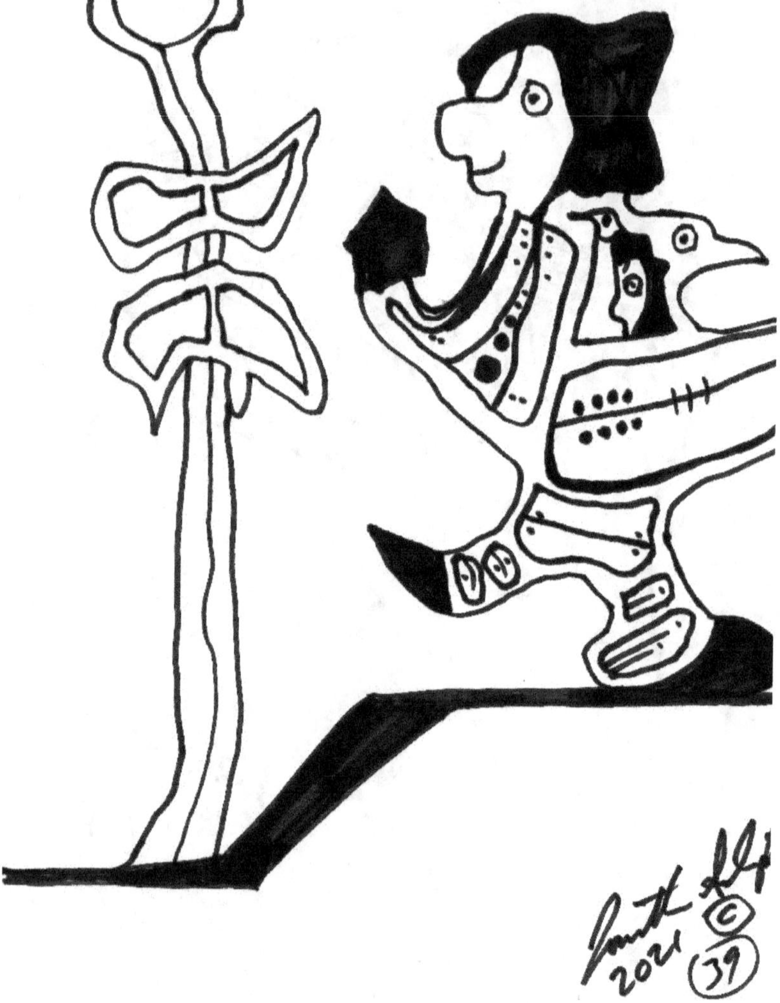
2021 ©
39

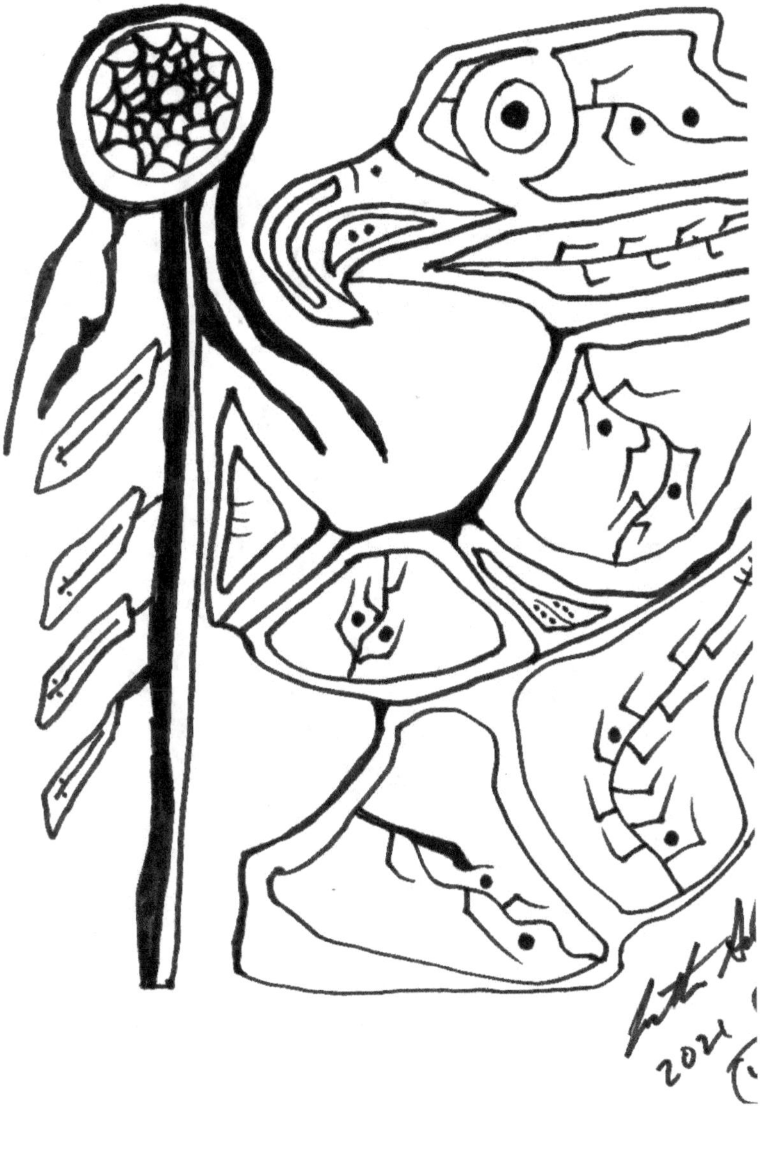
2021

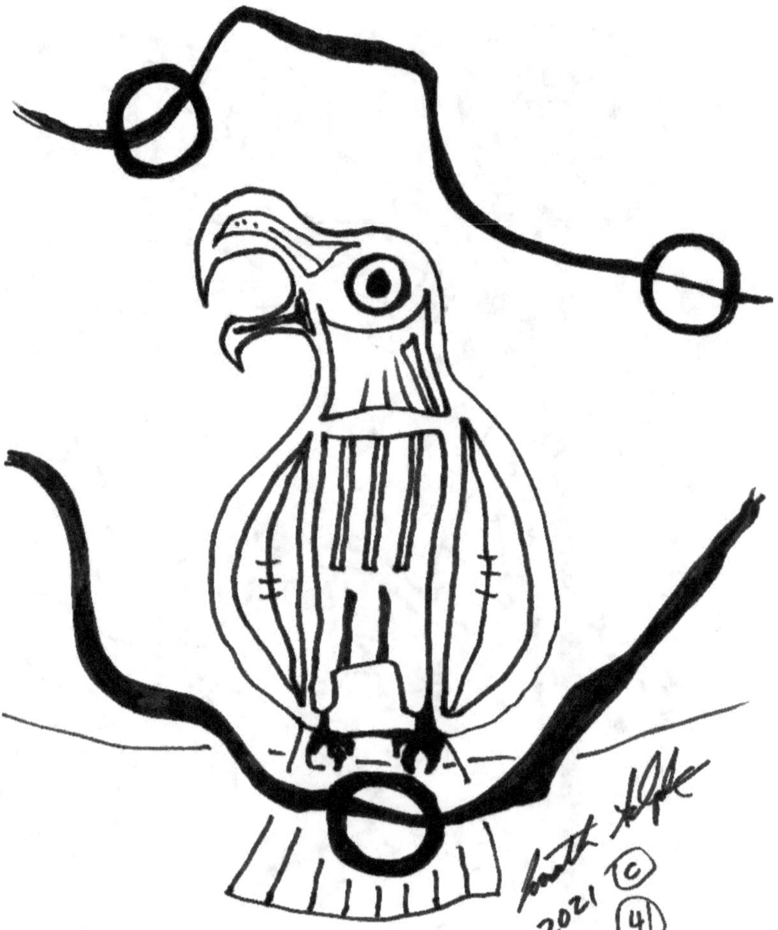
2021 ©
41

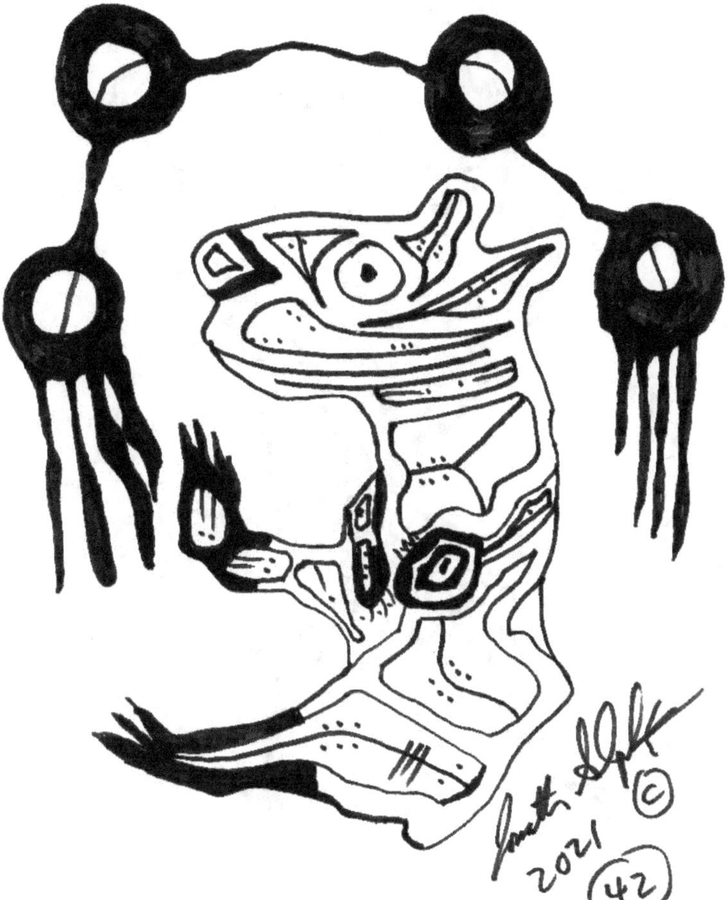
©
2021
42

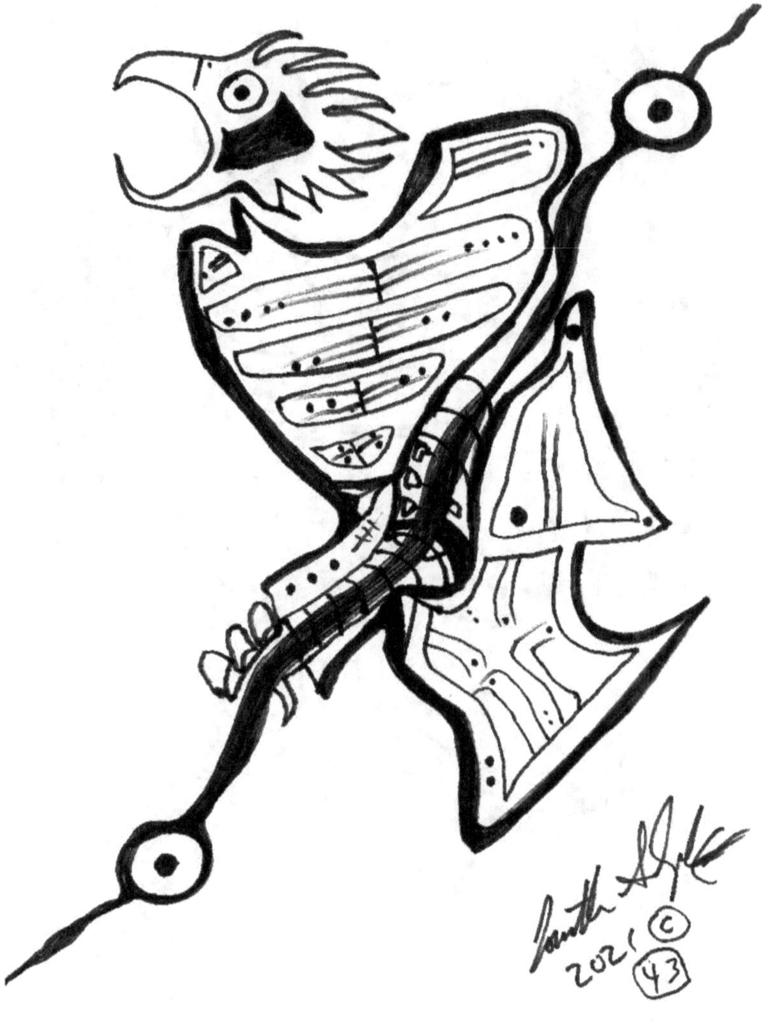
2021 ©
43

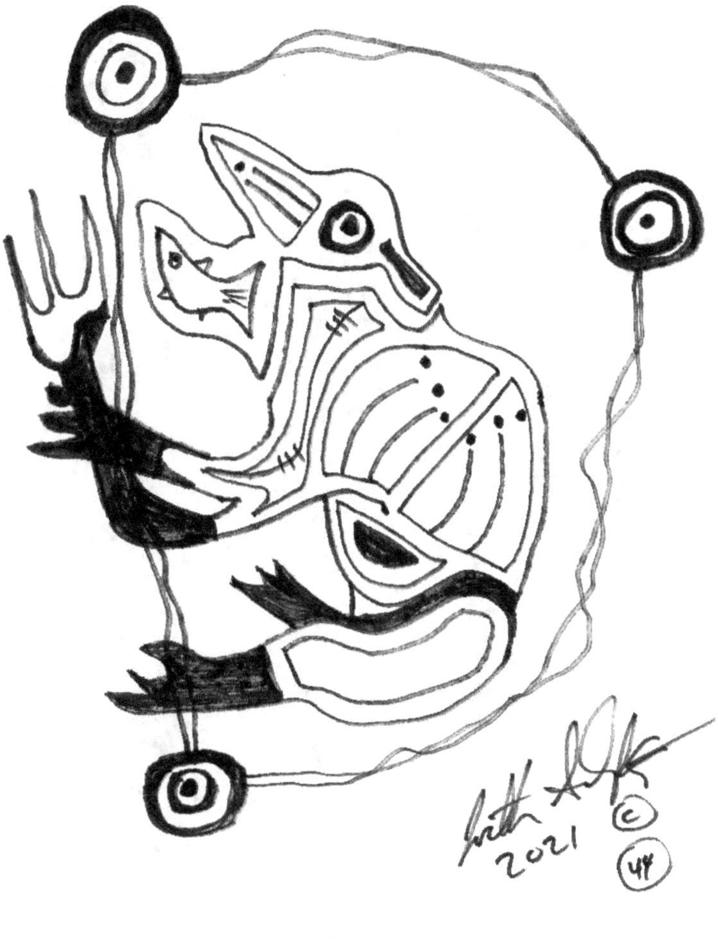
2021
©
44

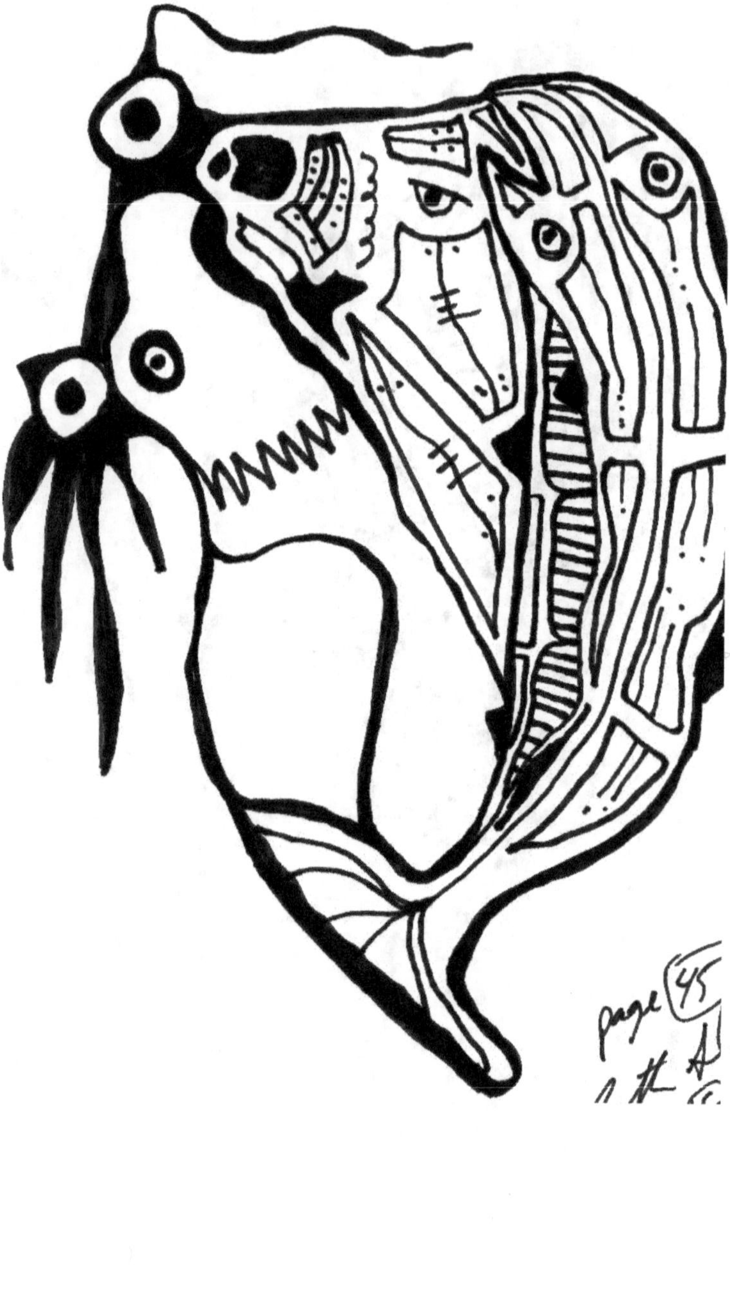
page 45

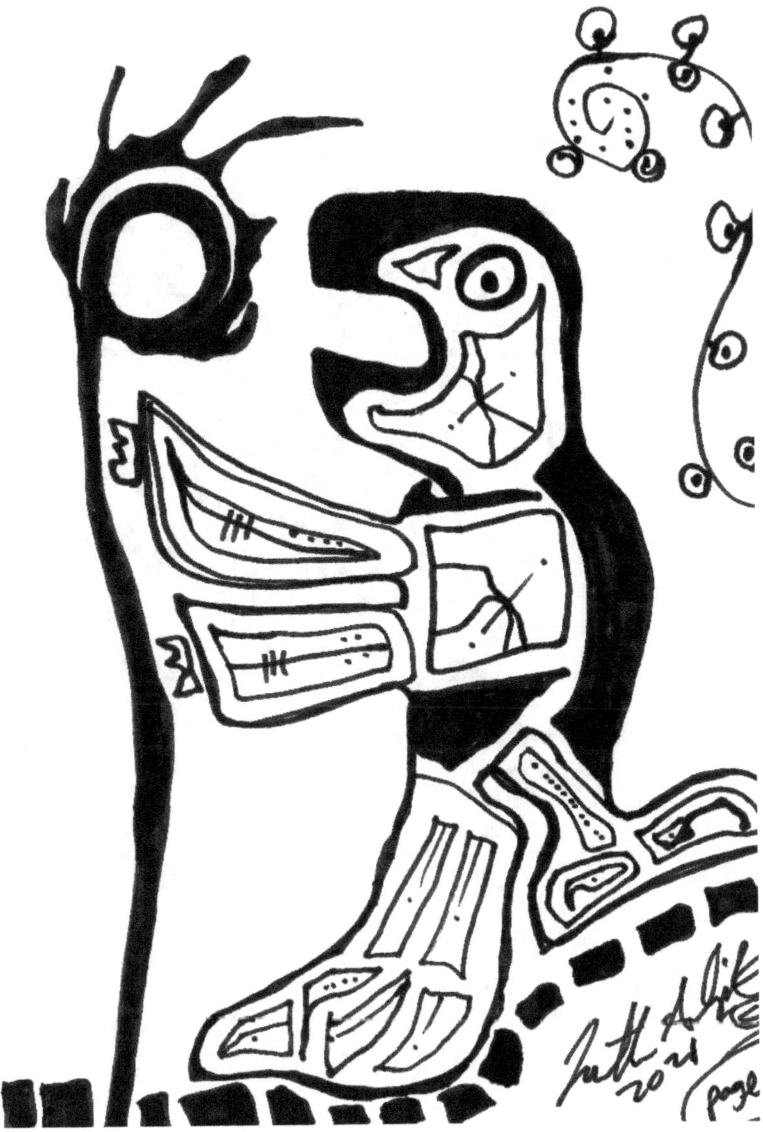
2021
page

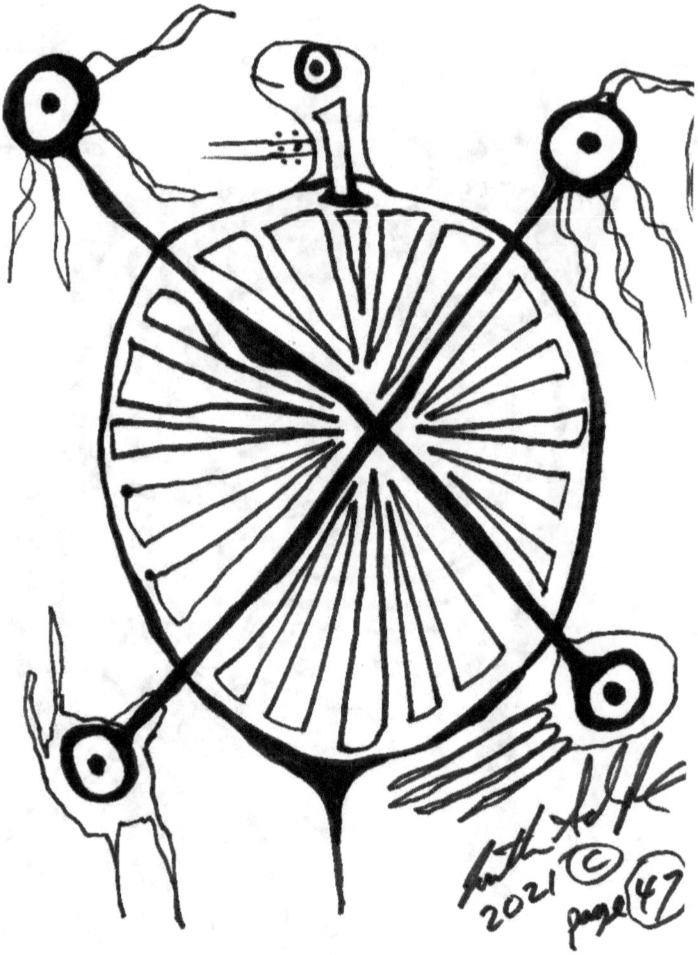
2021 ©
page 47

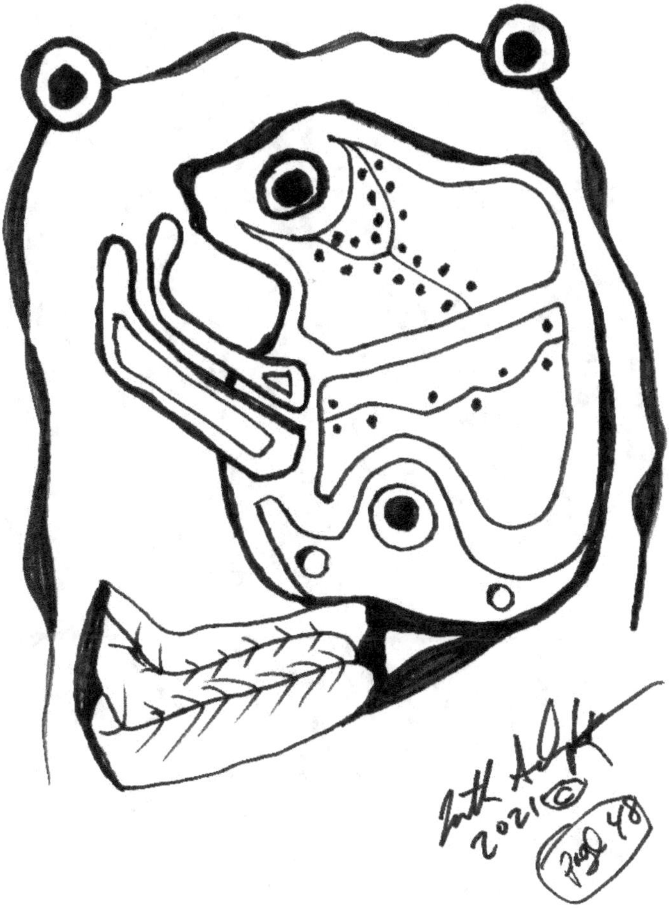
2021 ©
48

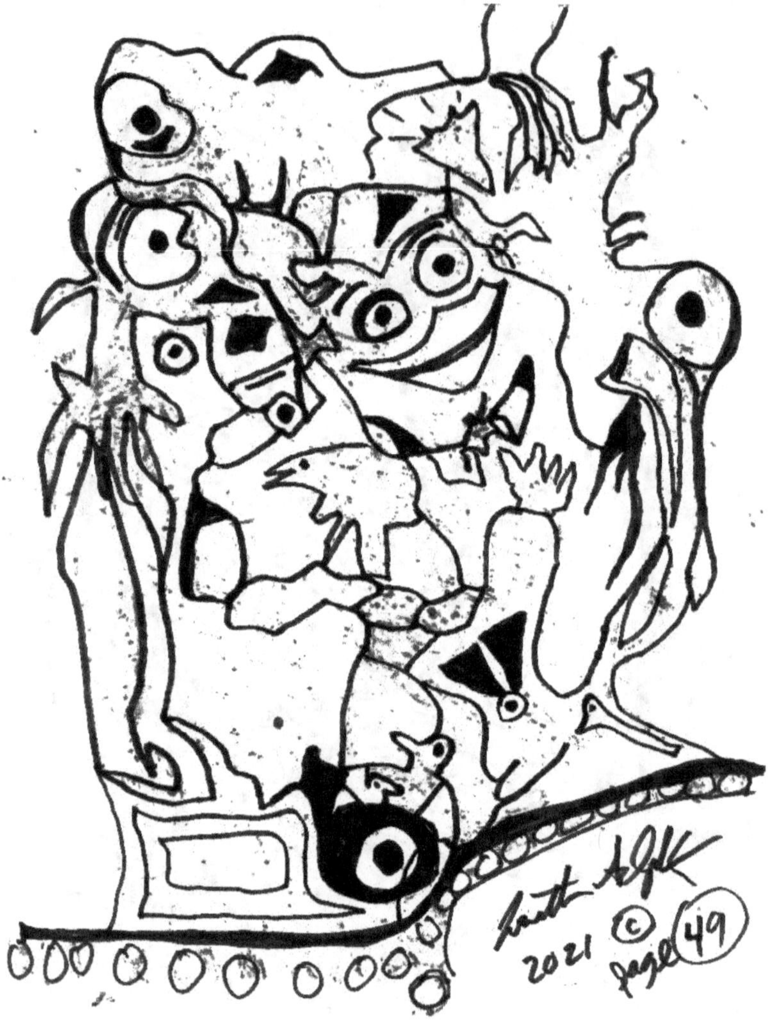
2021 ©
page 49

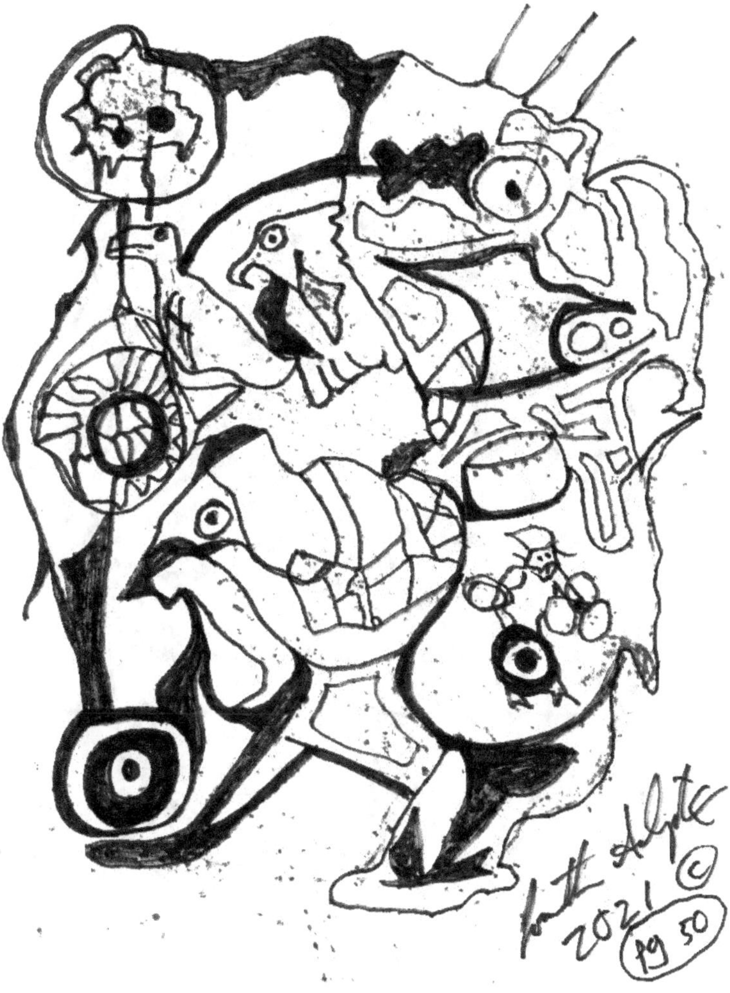
2021 ©
pg 50

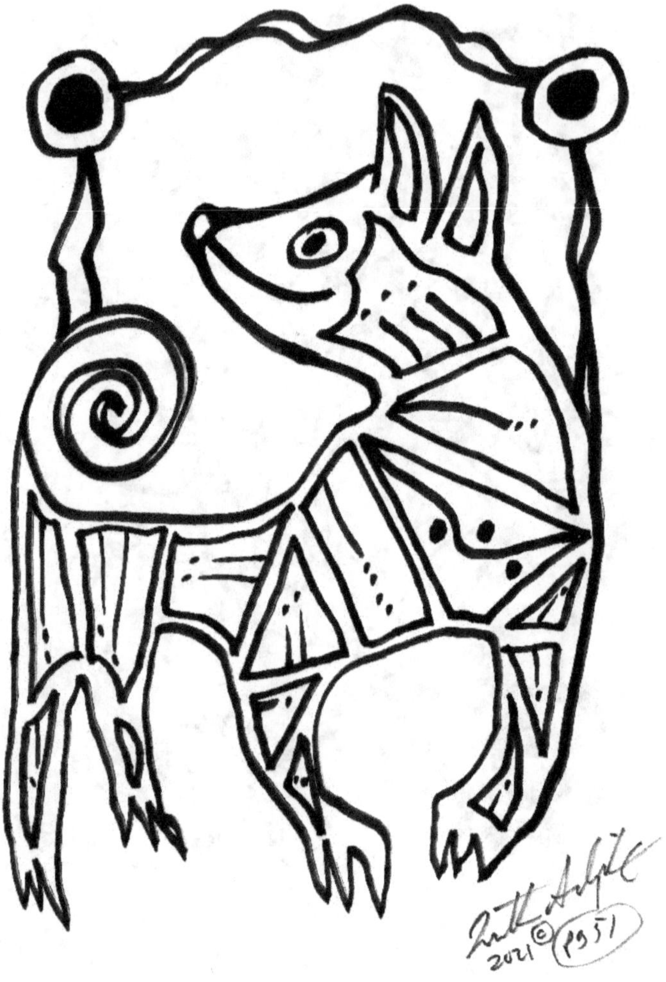

©
2021
P351

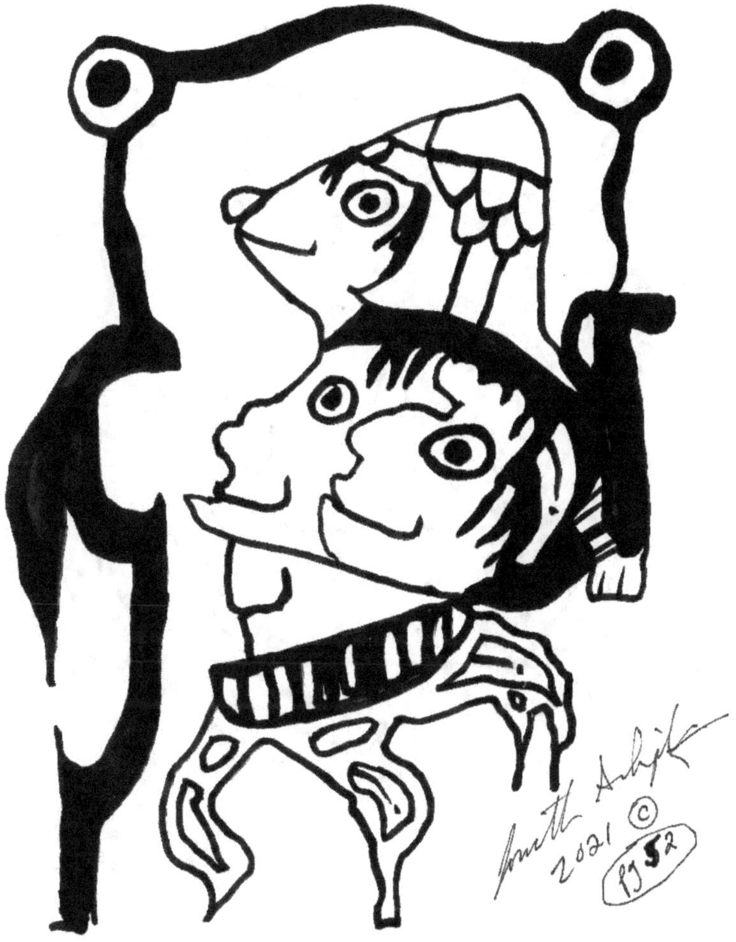
2021 ©
pg 52

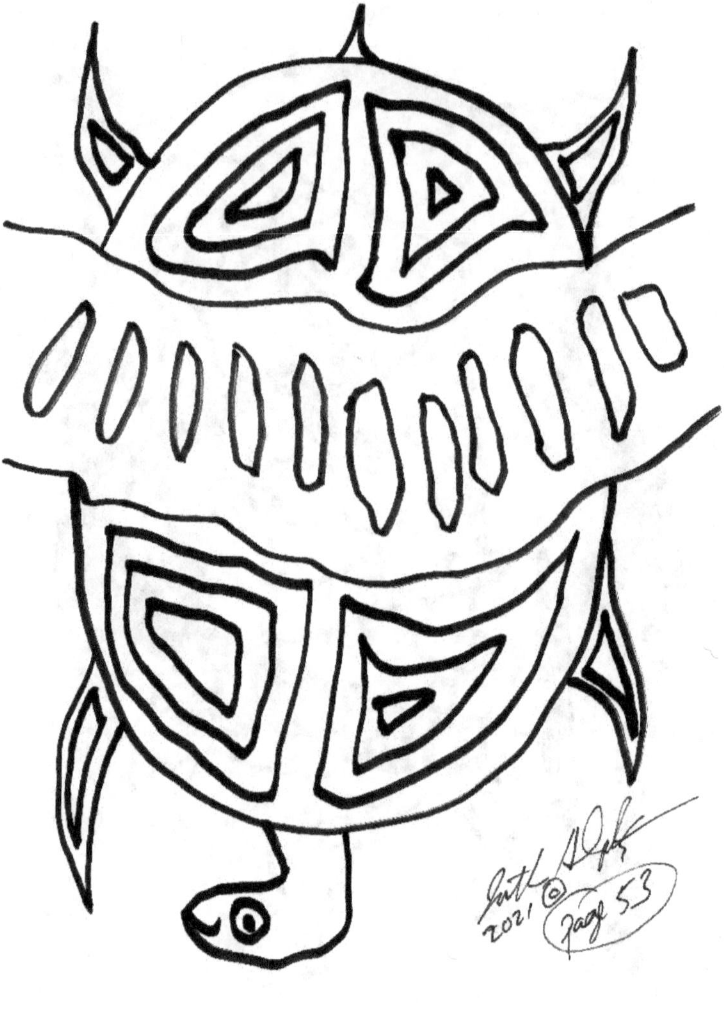
2021 ©
Page 53

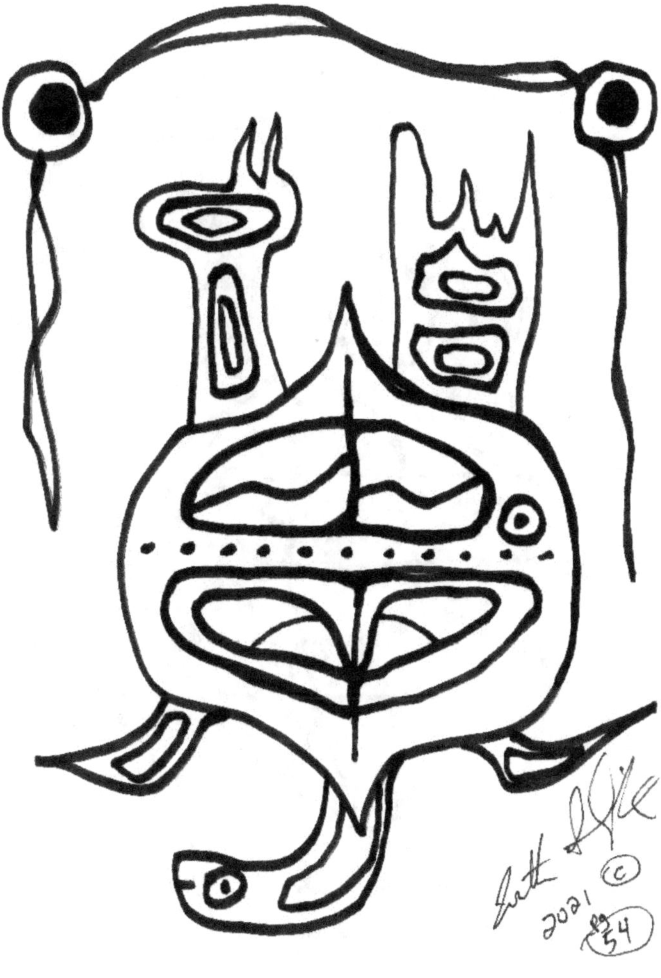
2021 ©
pg 54

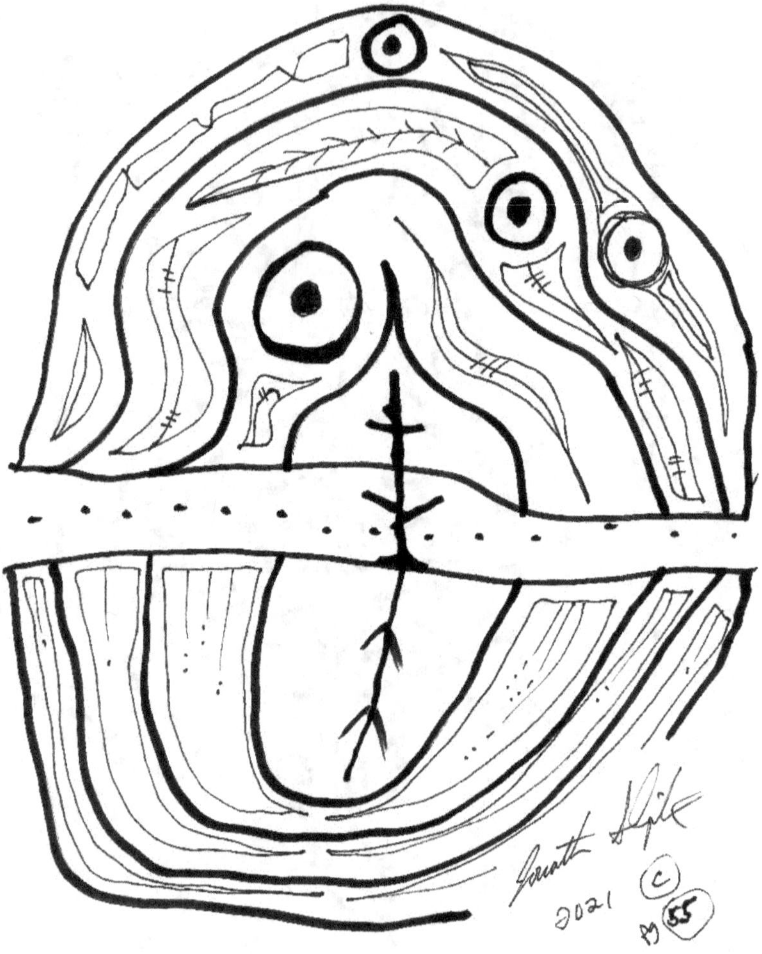
2021 ©
pg 55

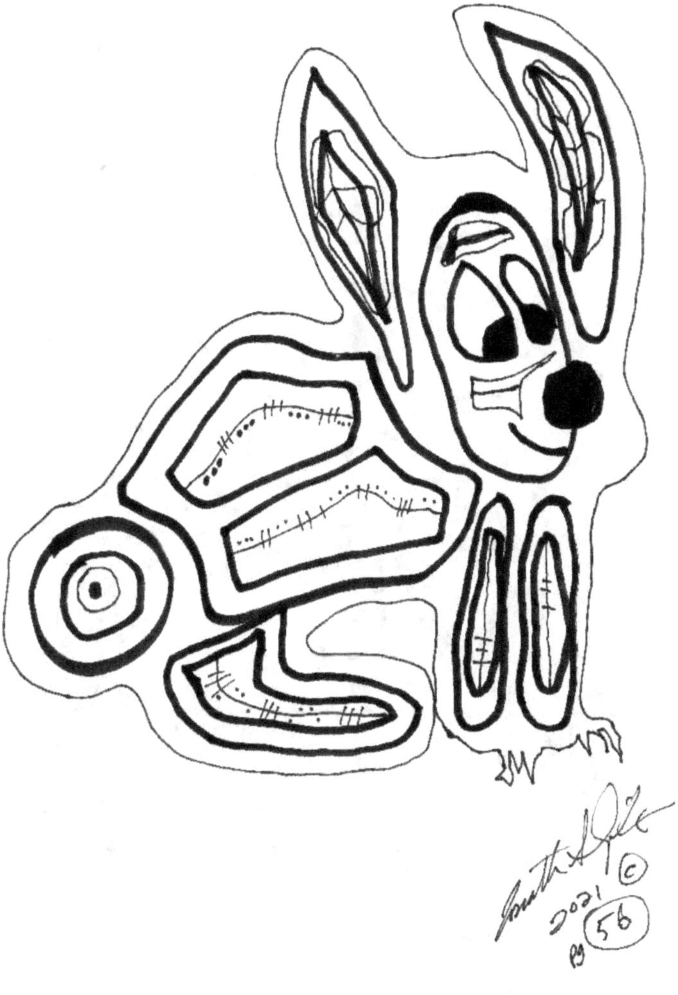
2021 ©
pg 56

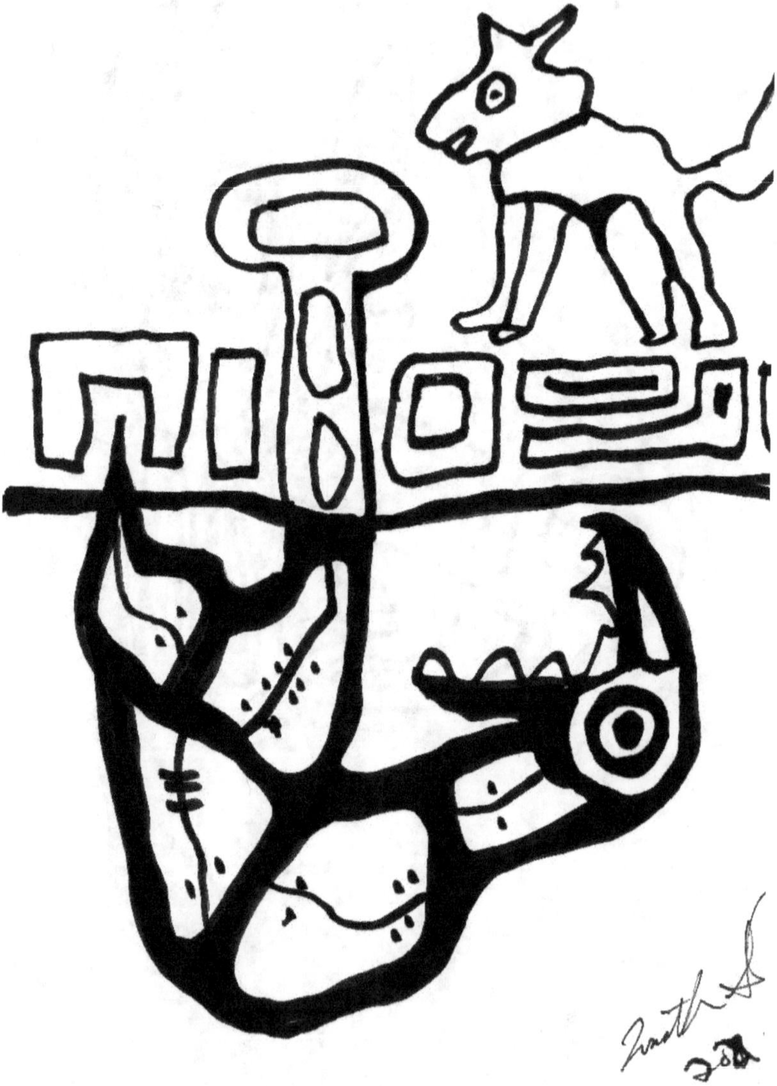

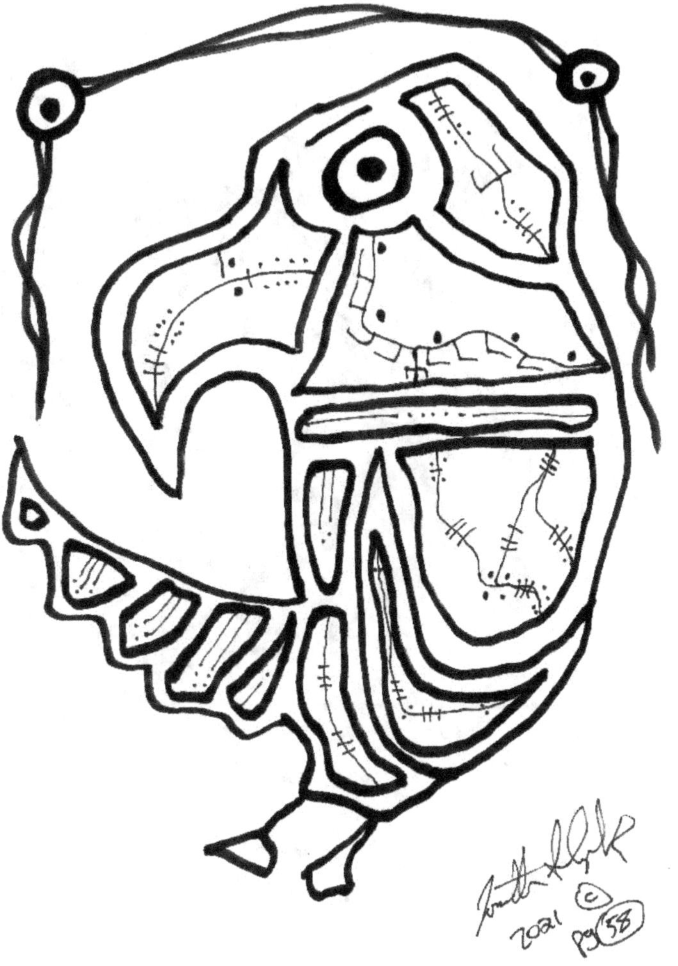
2021 ©
pg 58

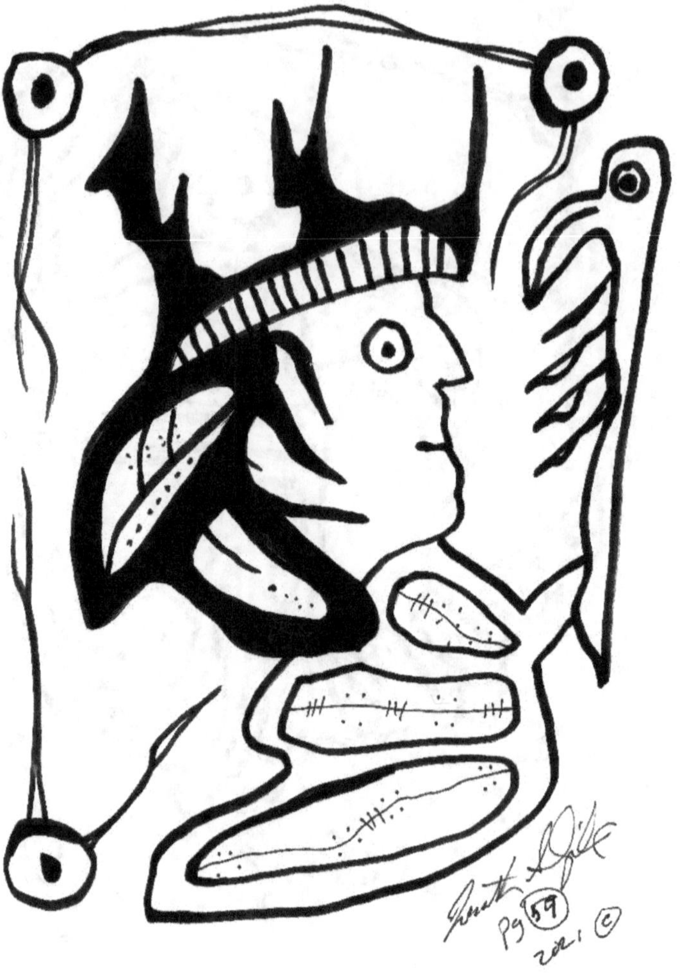
Pg 59
2021 ©

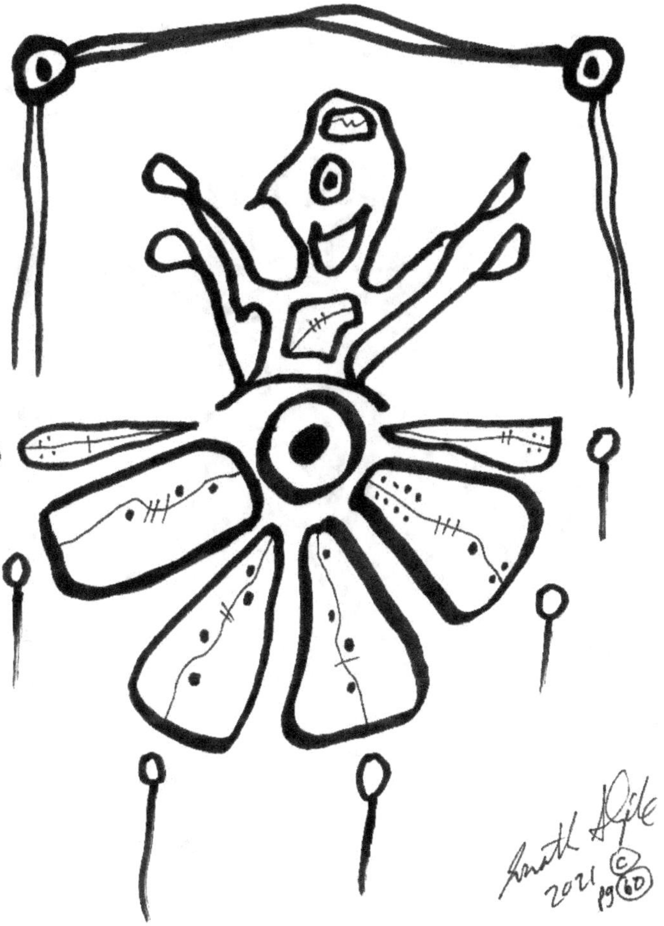
2021 ©
pg 60

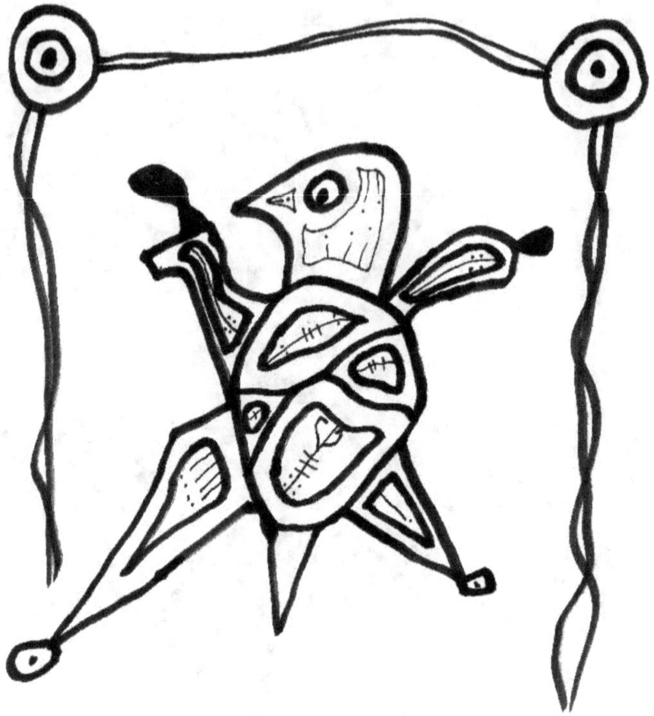

pg 61 ©
2021

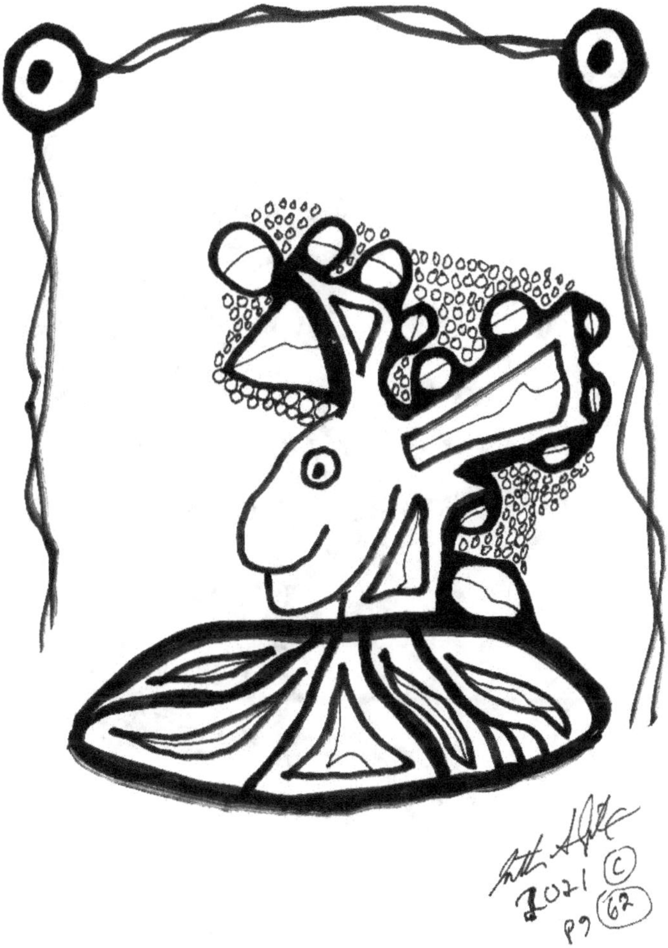
2021 ©
pg 62

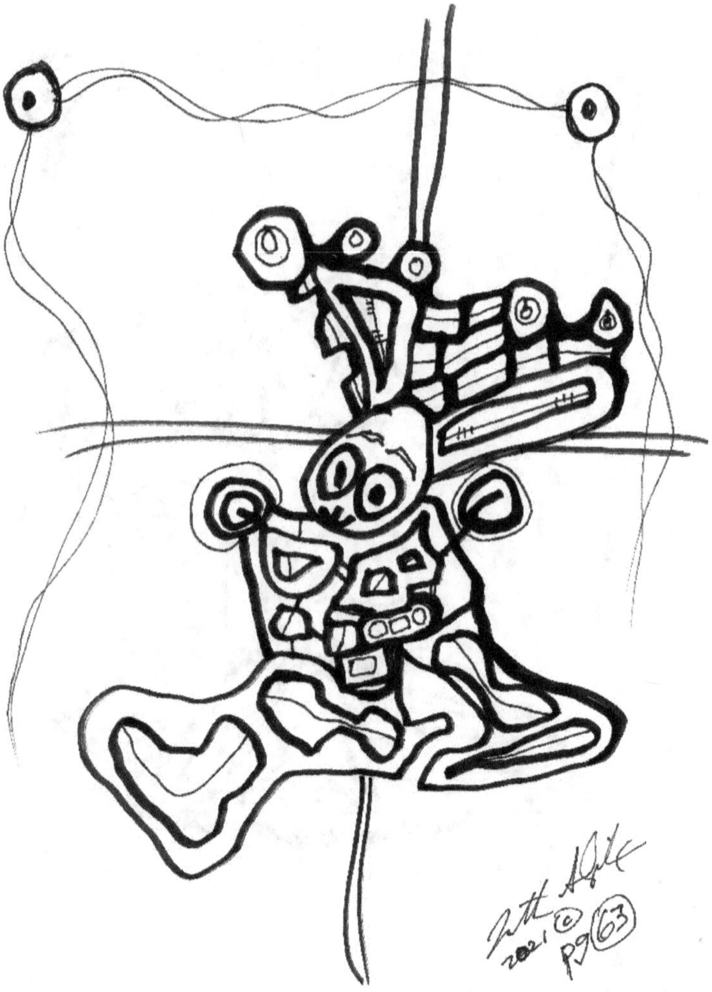
2021 ©
pg 63

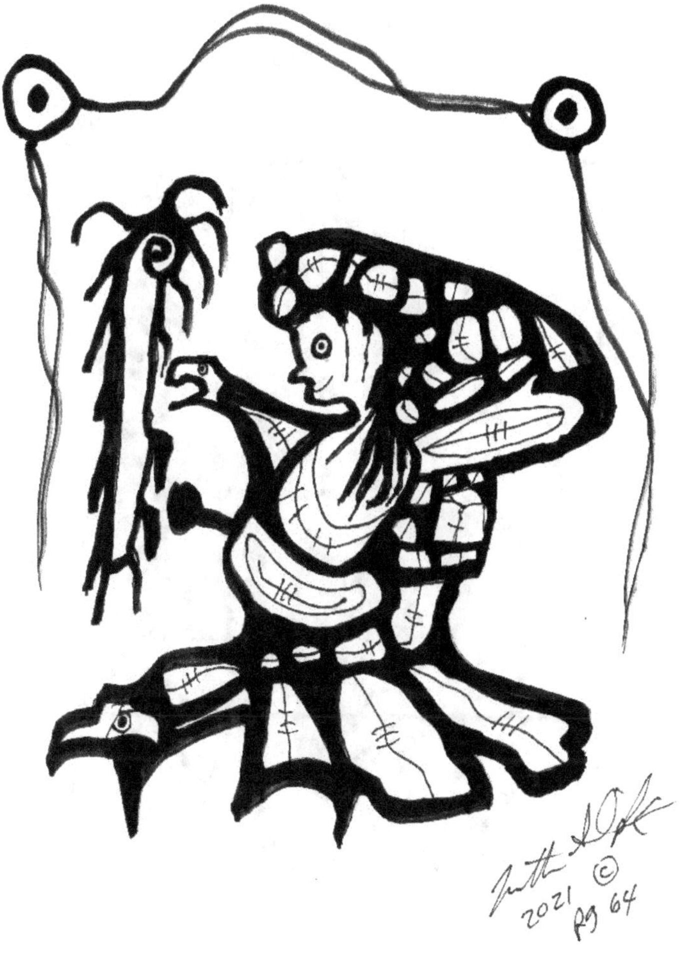
2021 ©
Pg 64

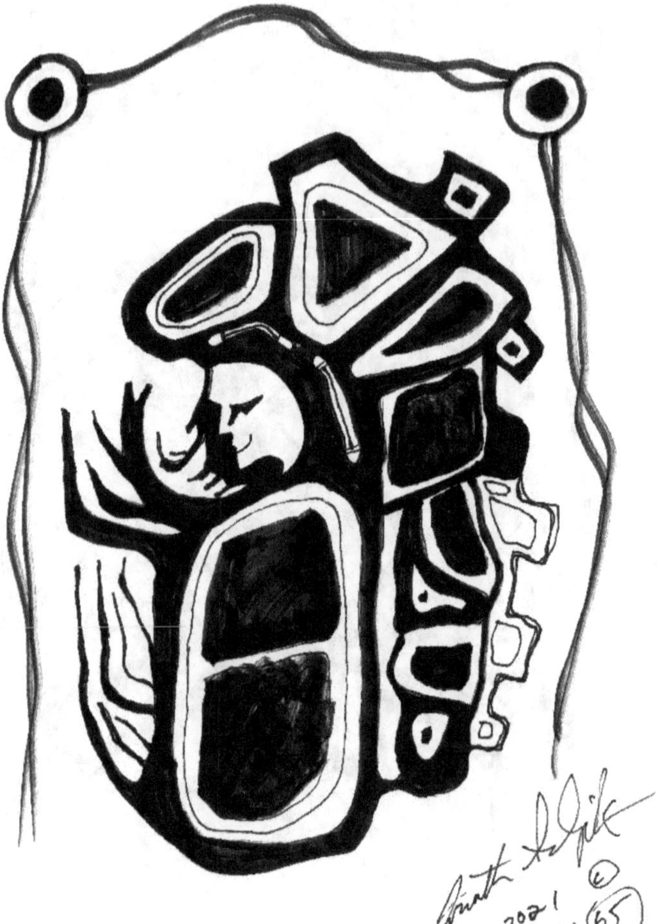
2021 ©
pg 65

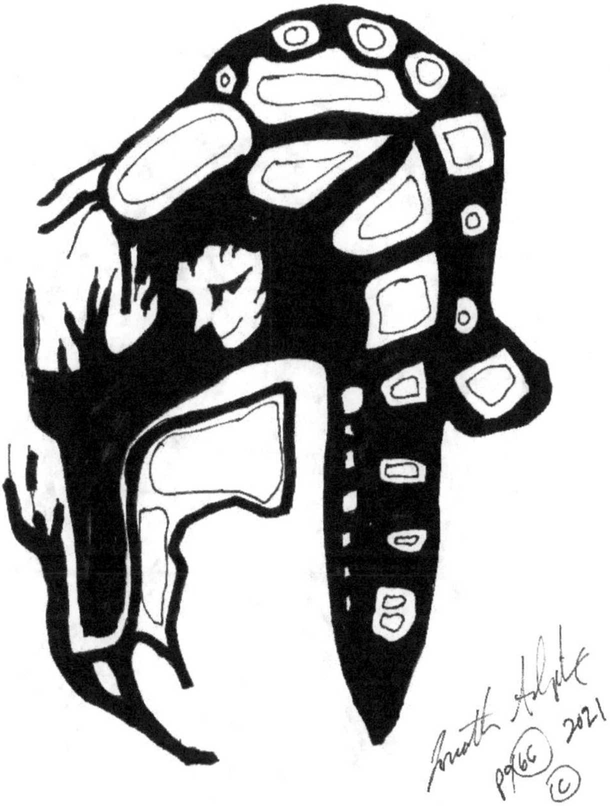
2021

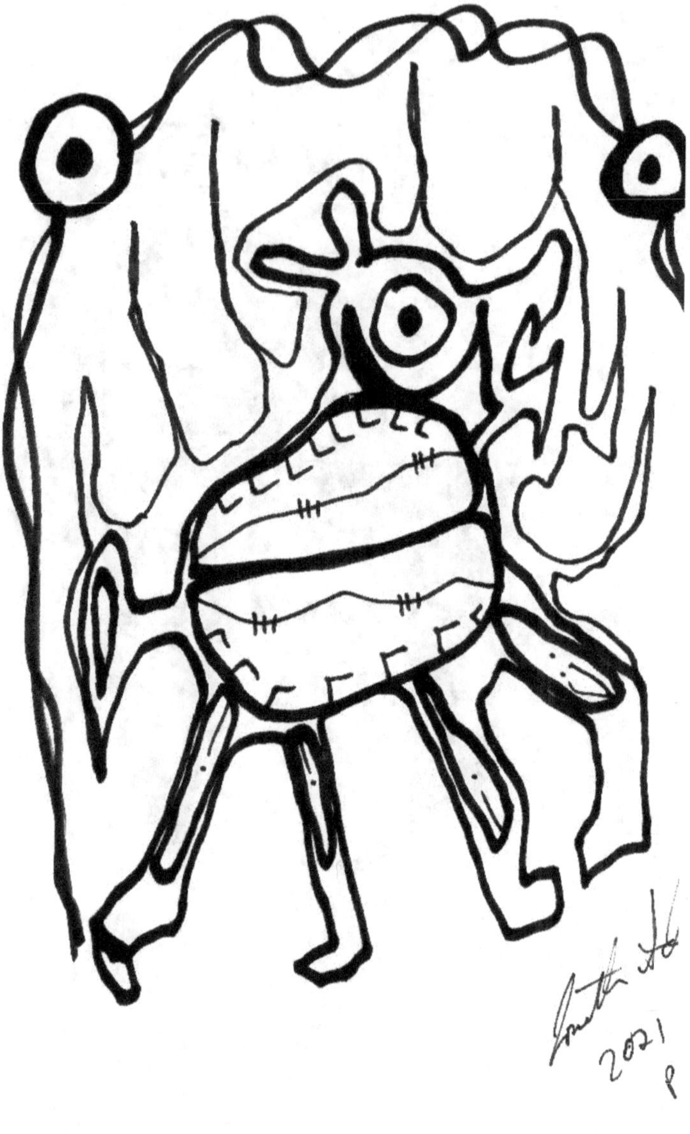
2021

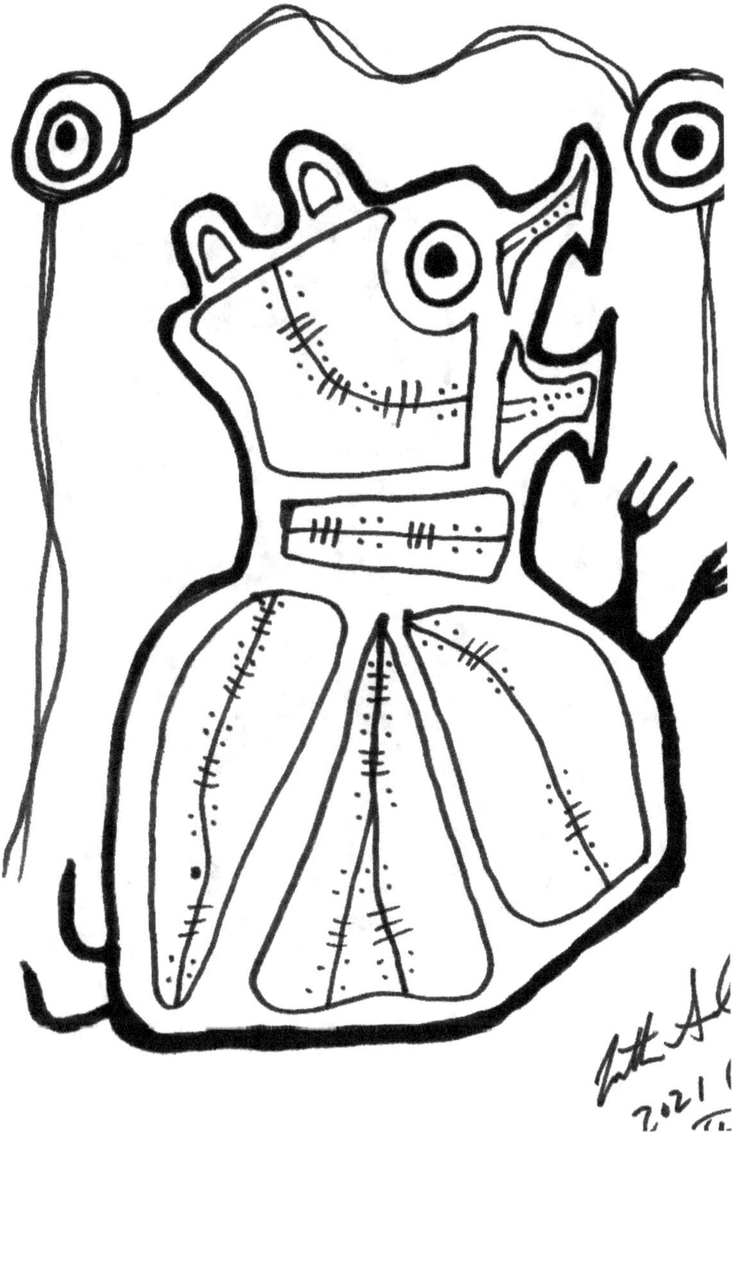

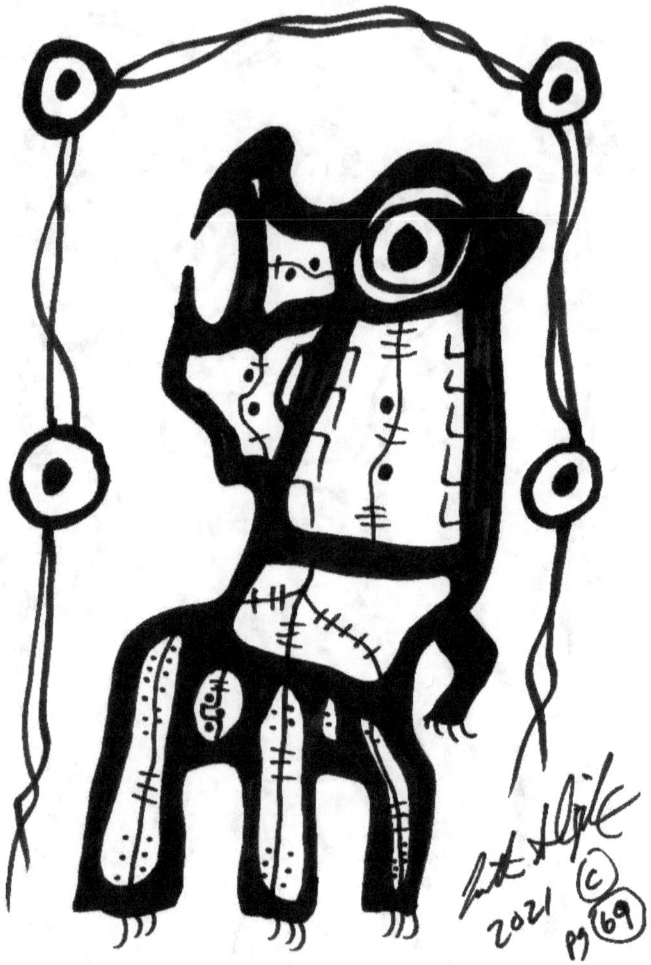
2021 ©
pg 69

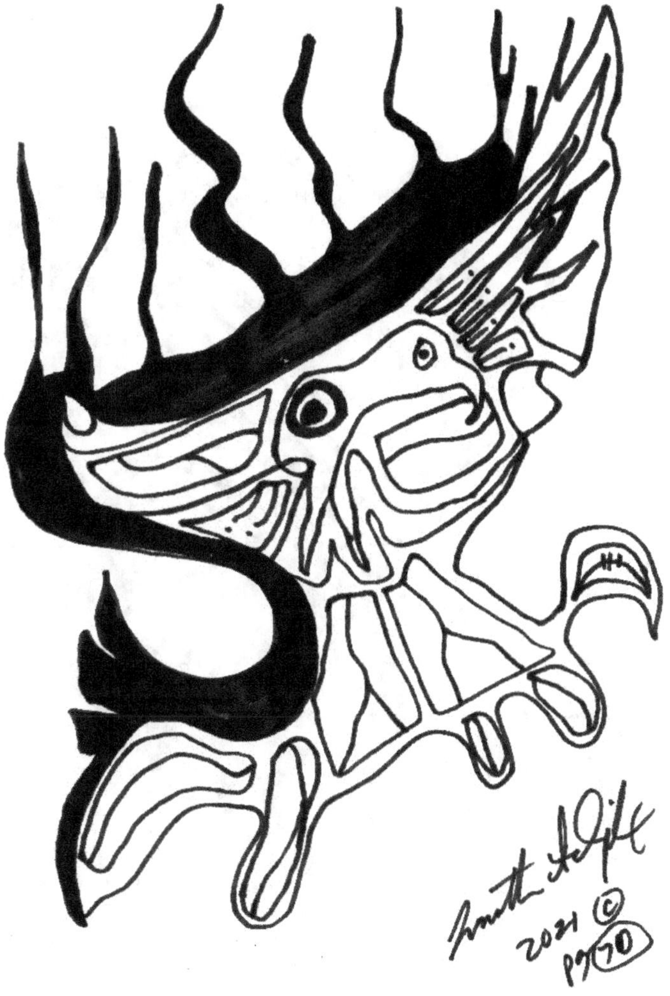
2021 ©
pg 71

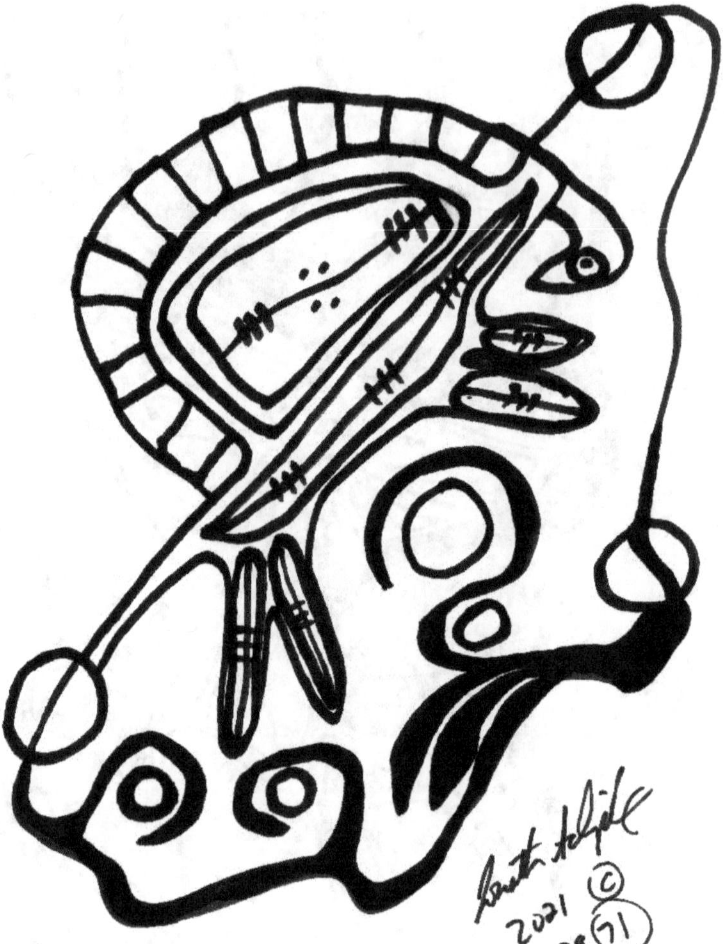

2021 ©
pg 71

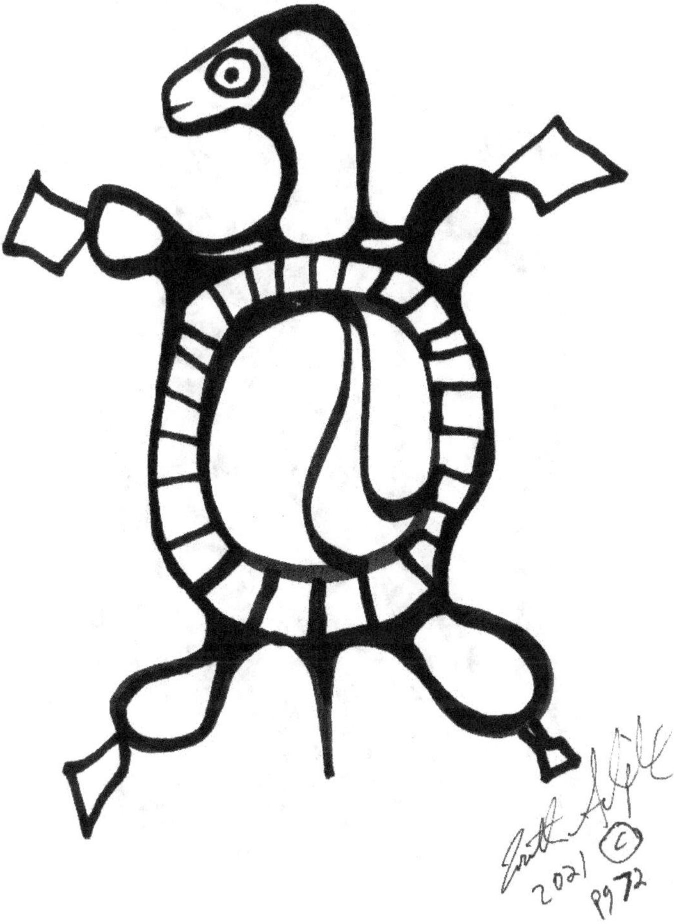
2021 ©
pg 72

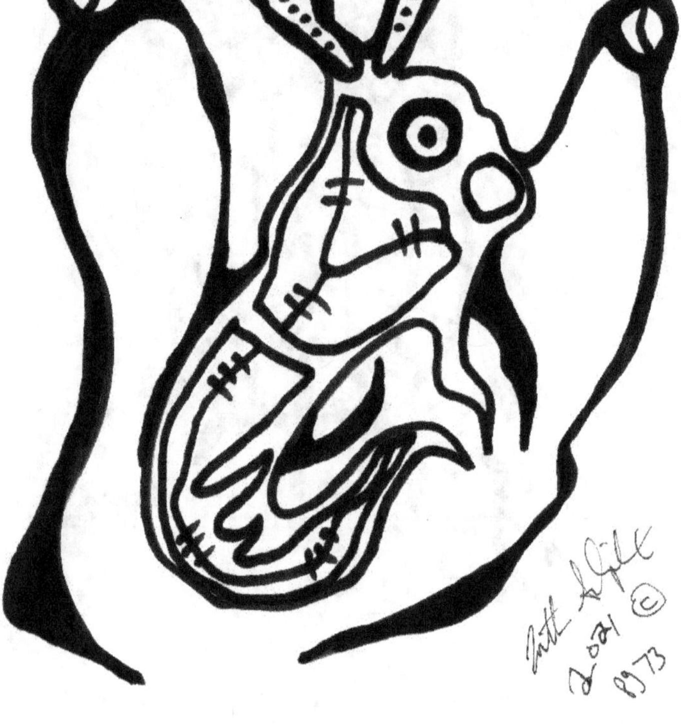
2021 ©

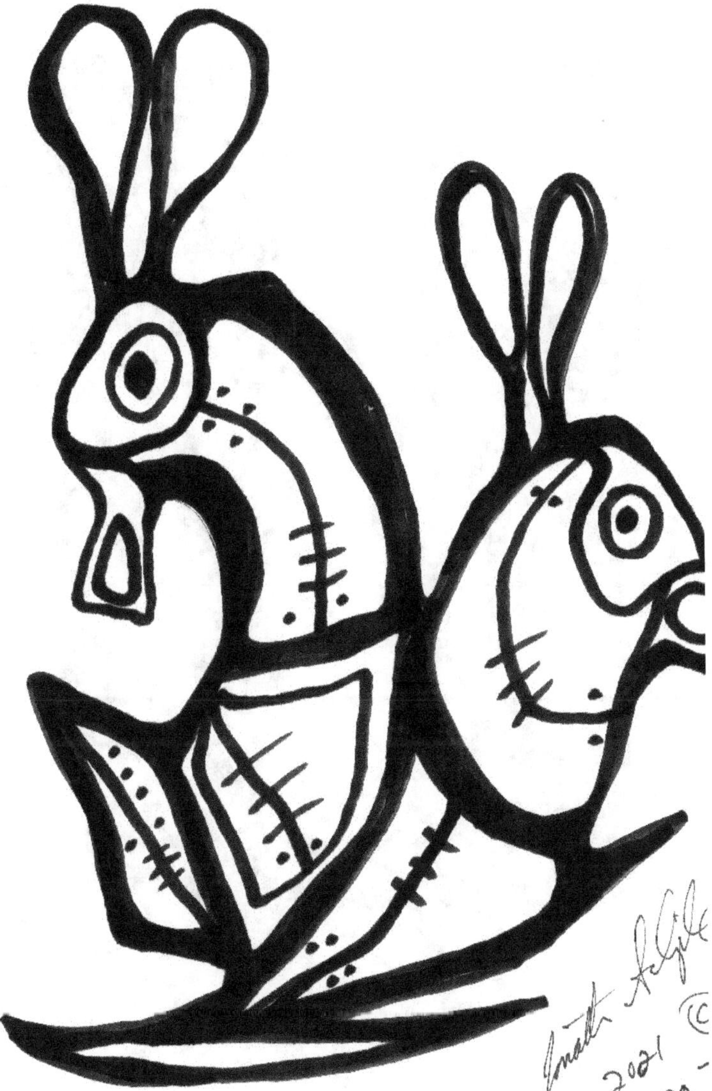
2021 ©

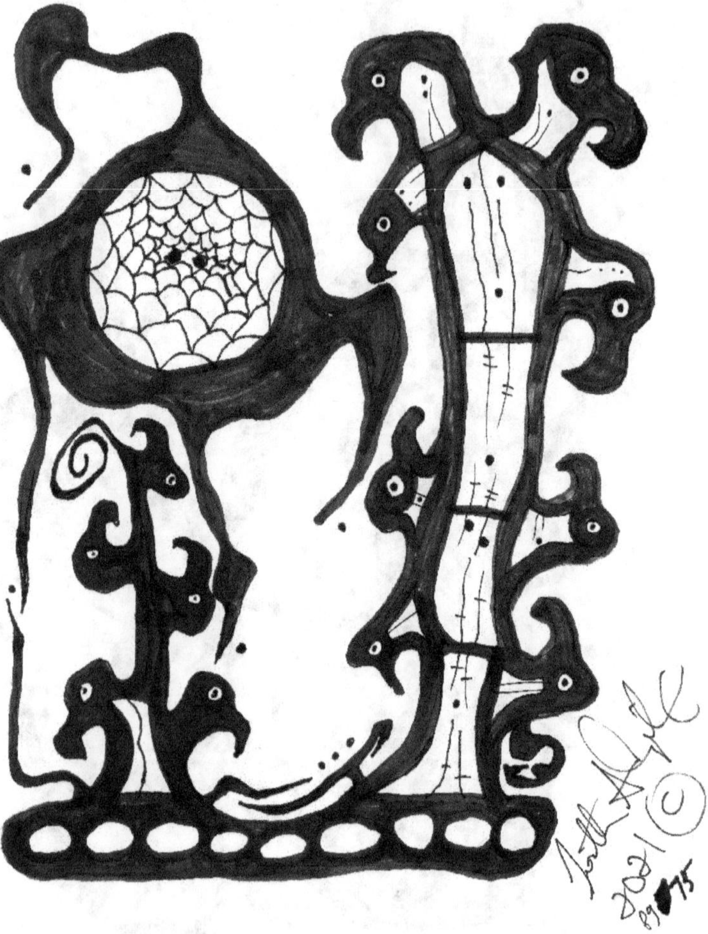
2021 ©

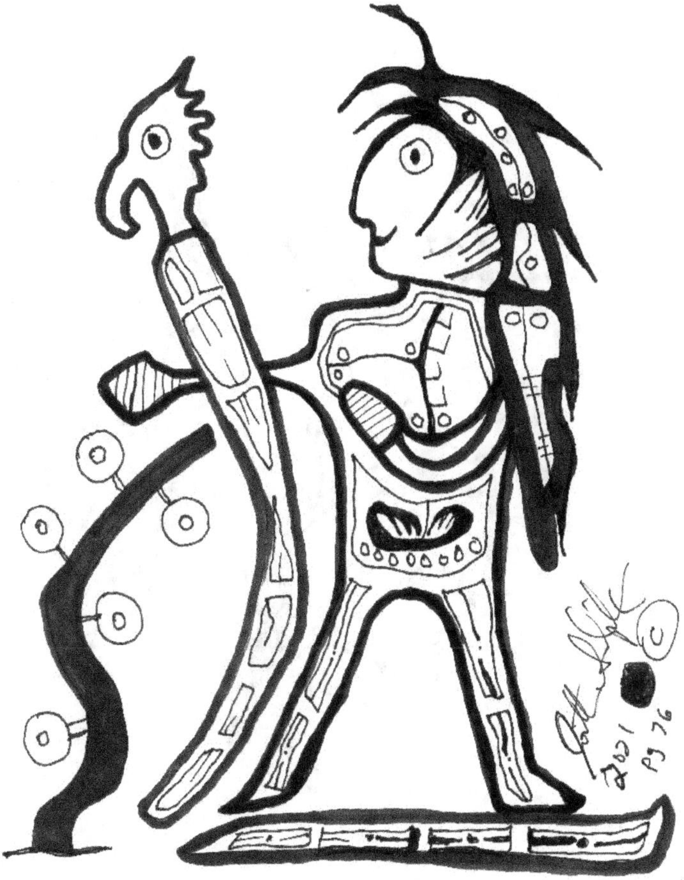
2021

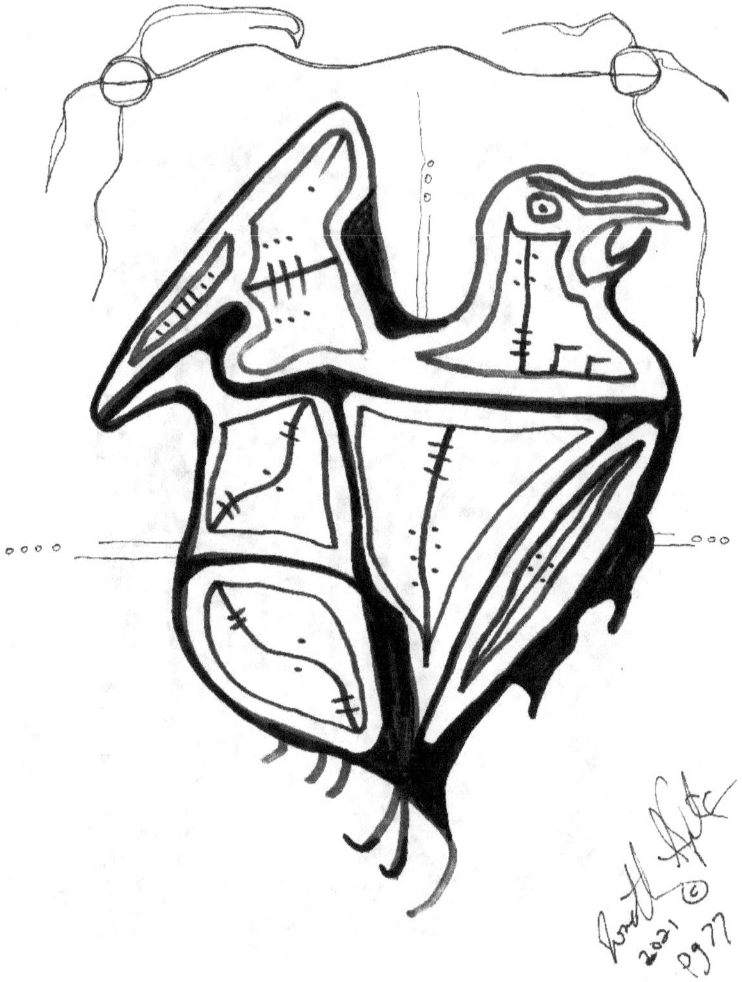
2021
pg77

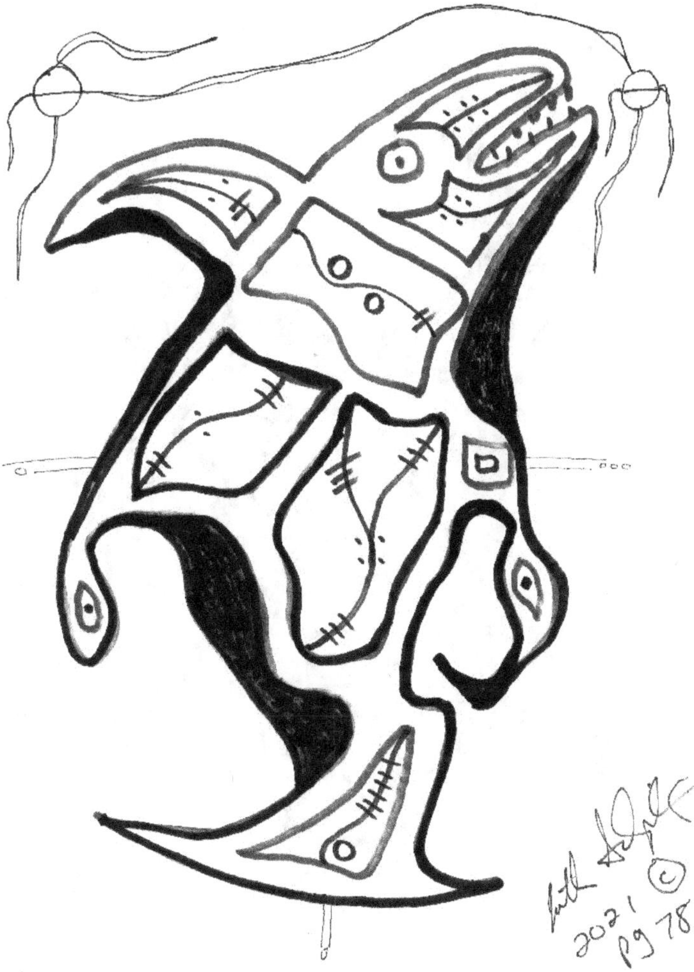
2021
pg 78

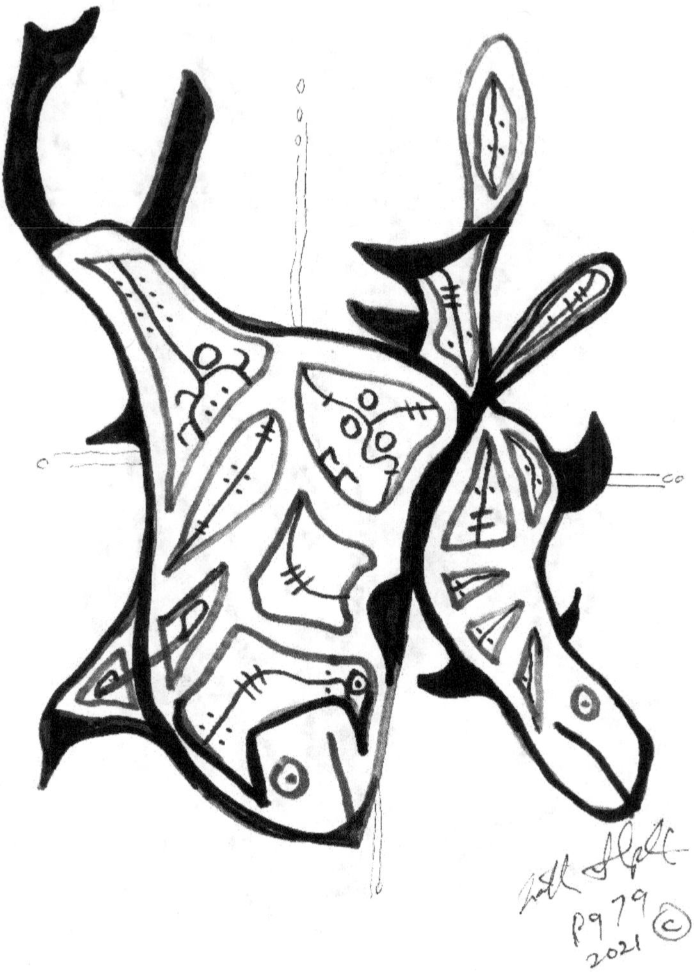
P979 ©
2021

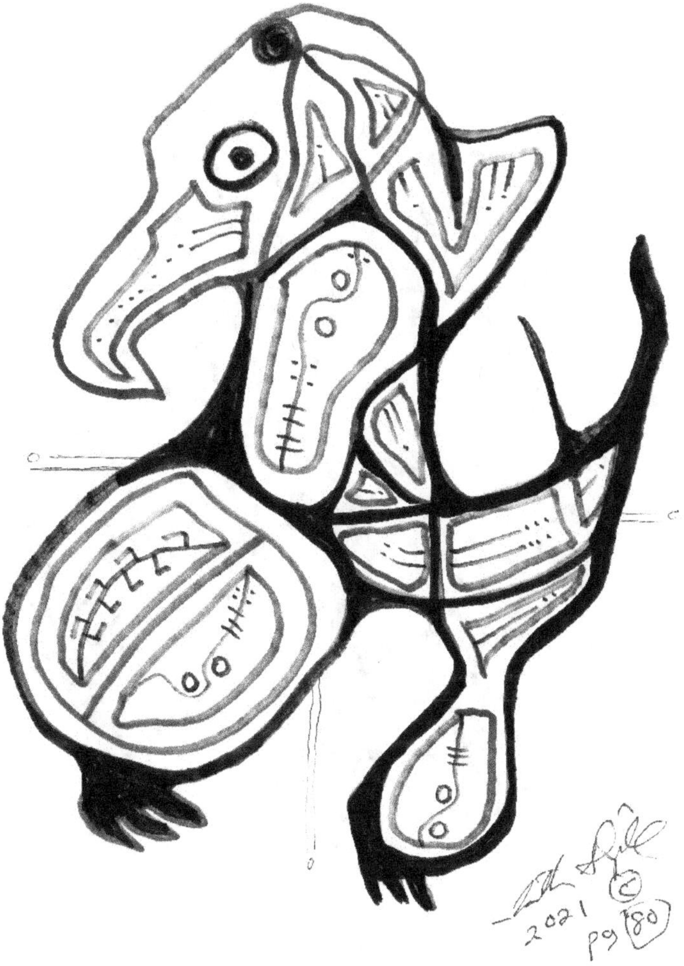
©
2021
pg 80

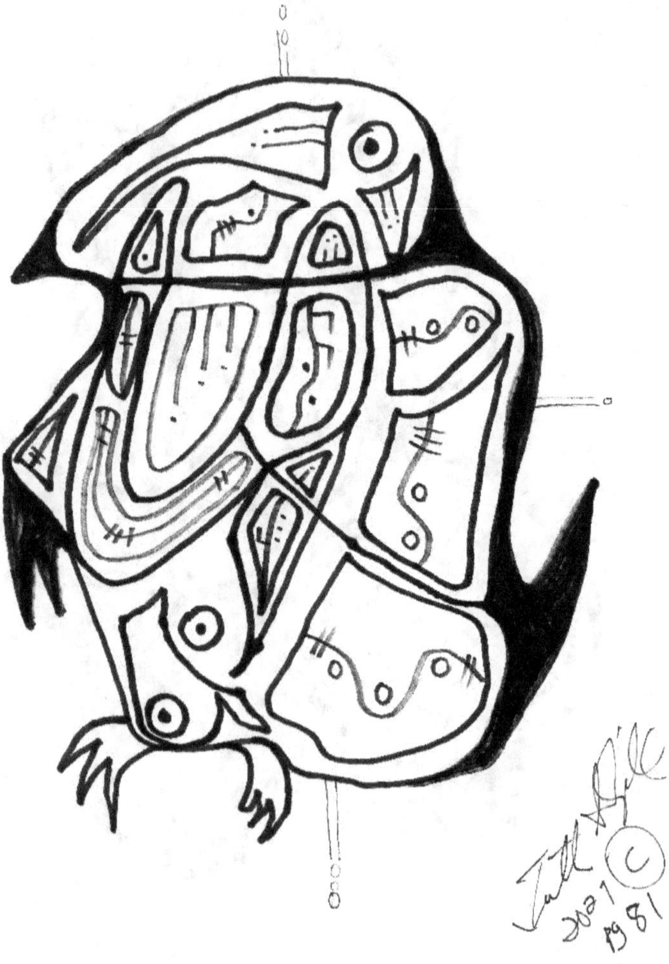

©
2021
1981

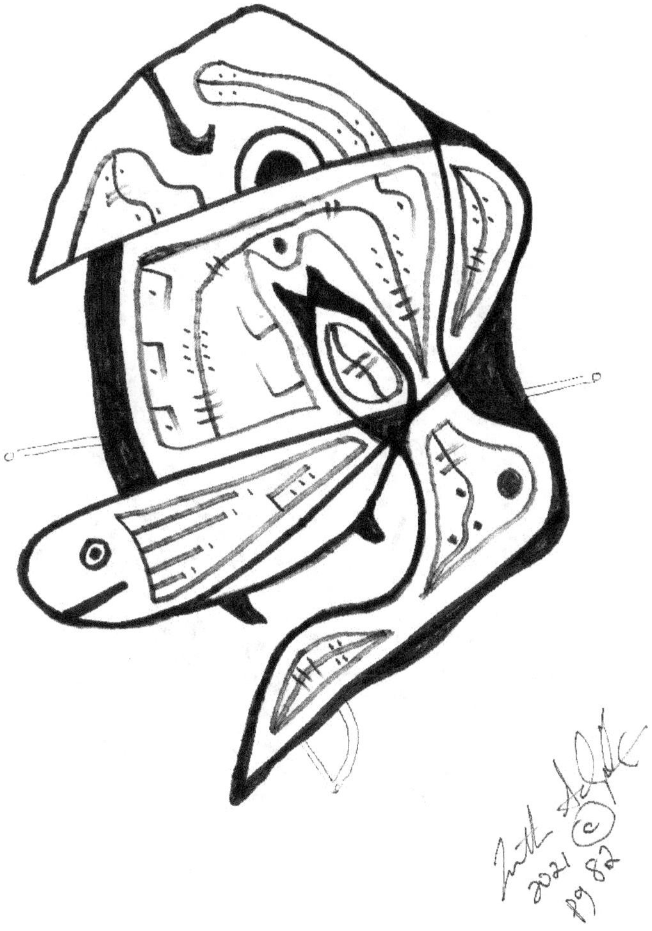
2021
pg 82

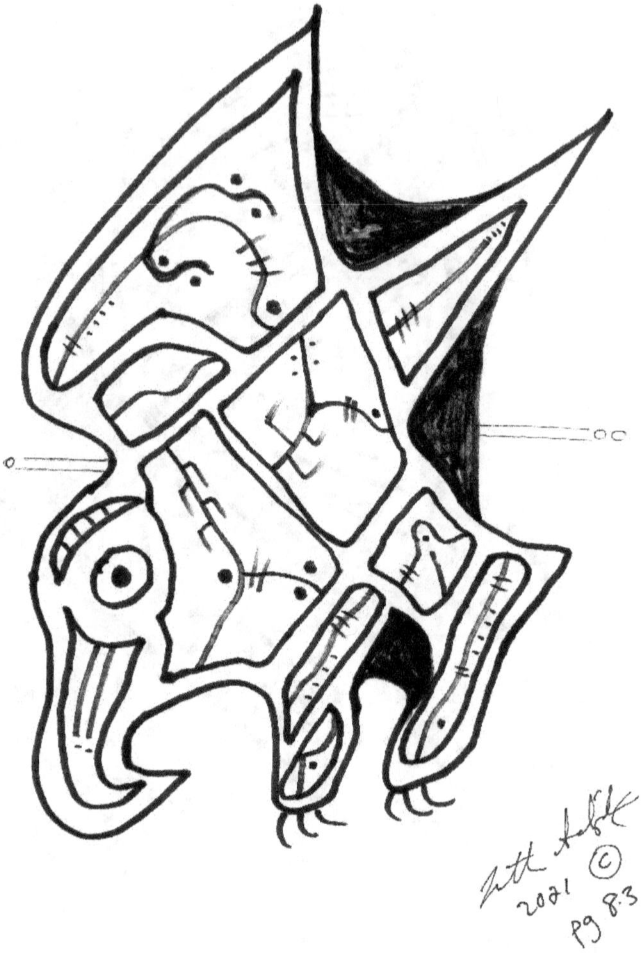
2021 ©
Pg 8.3

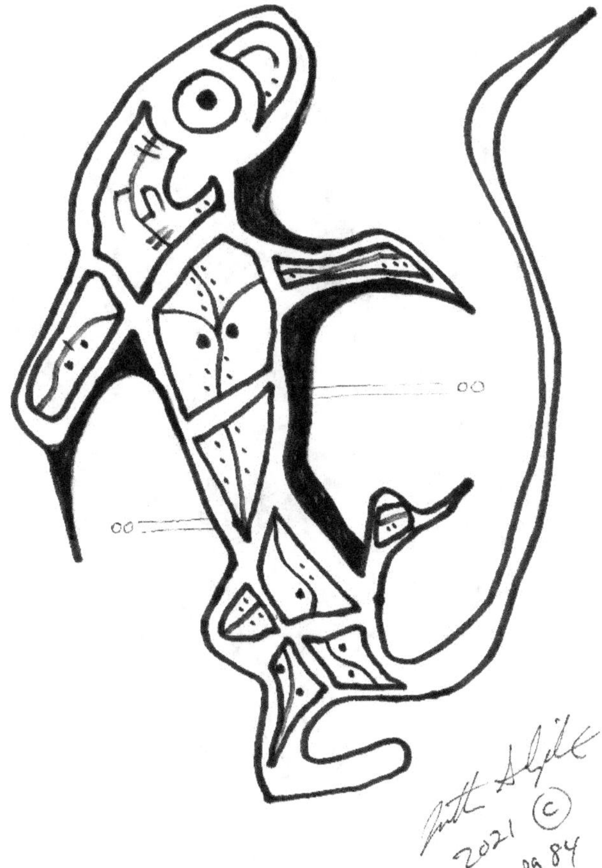
2021 ©
pg 84

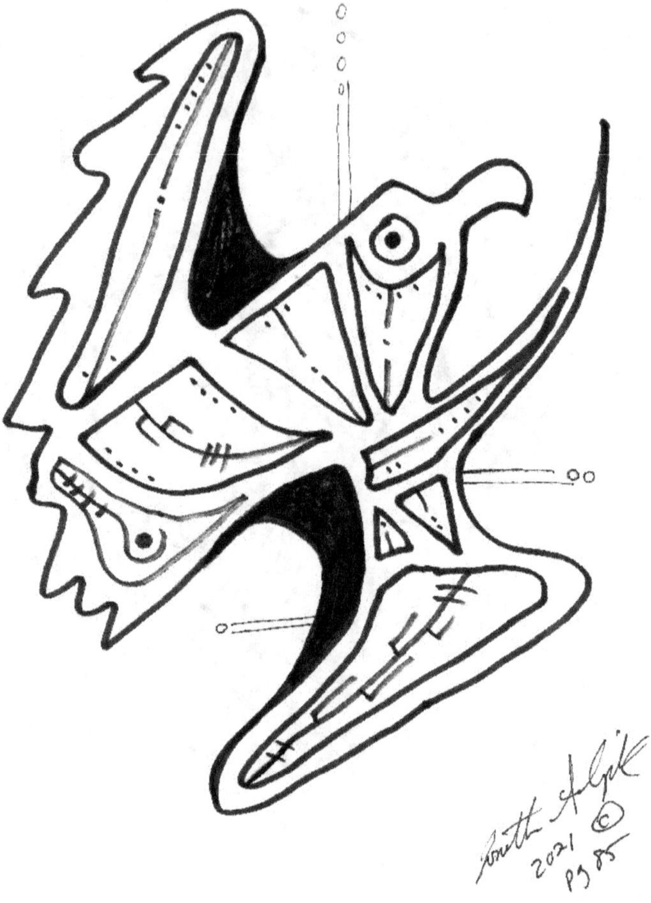
2021 ©
pg 85

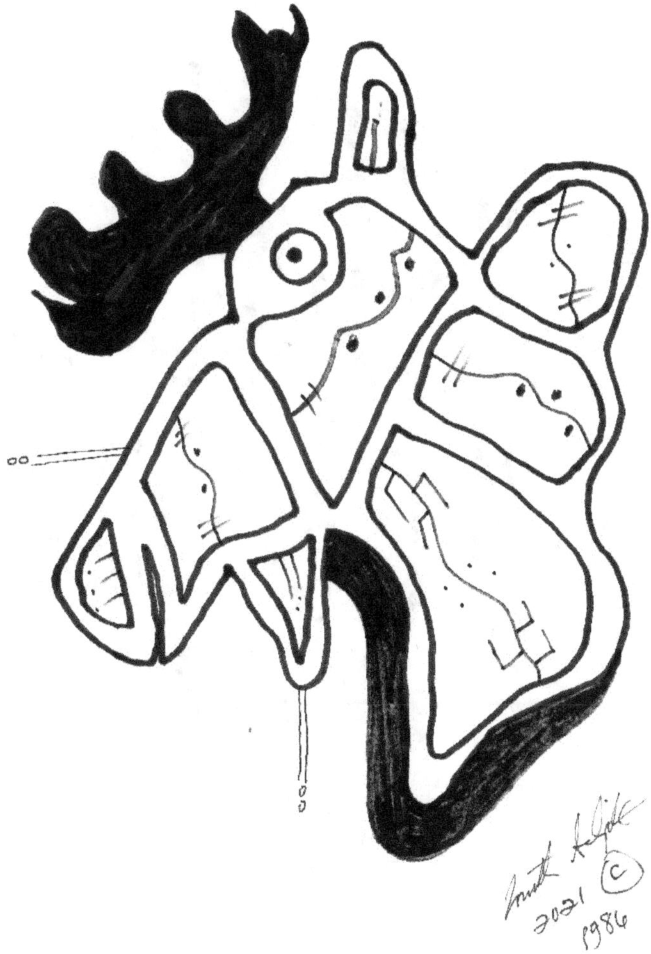

2021 ©
1986

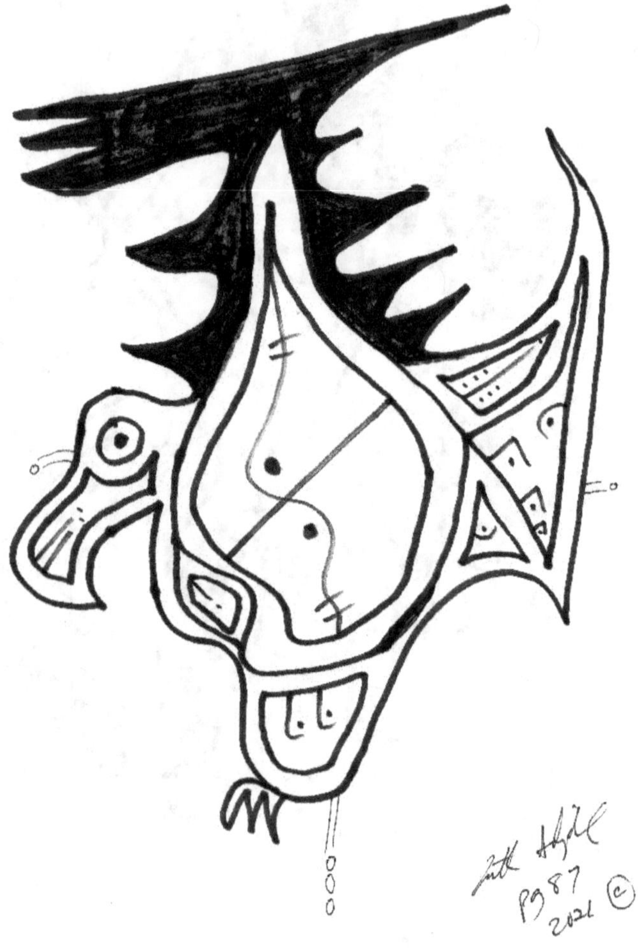
PG87
2021 ©

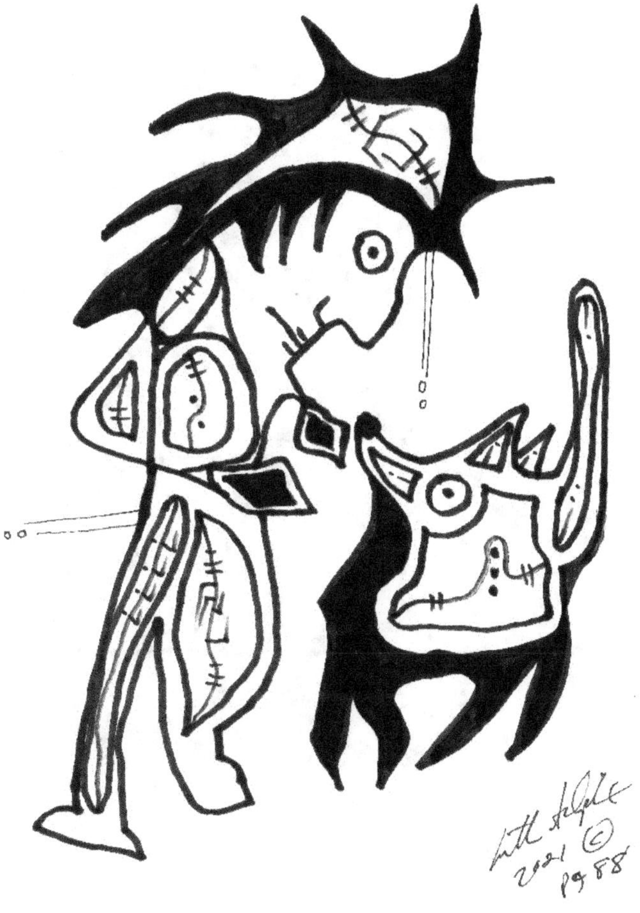
2021 ©
pg 88

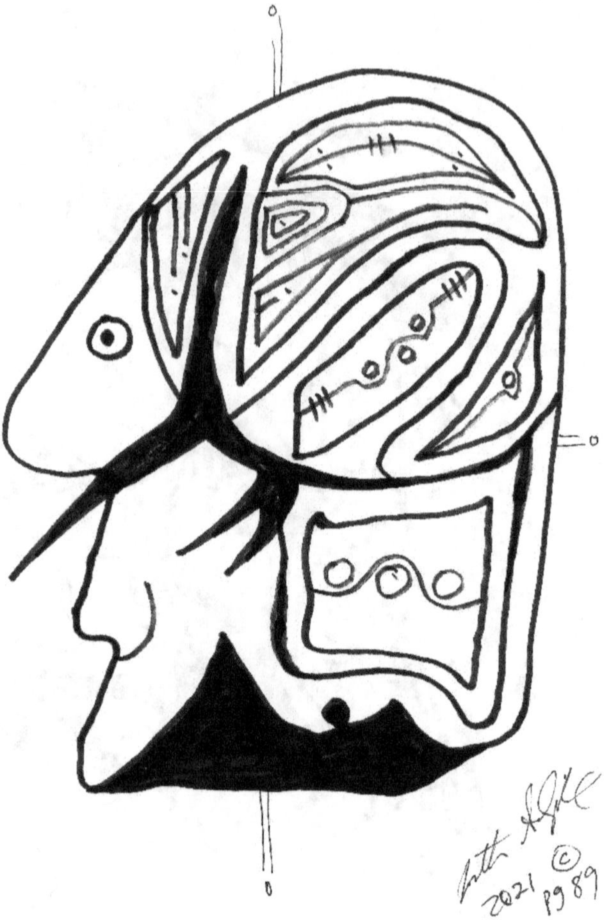
2021 ©
pg 89

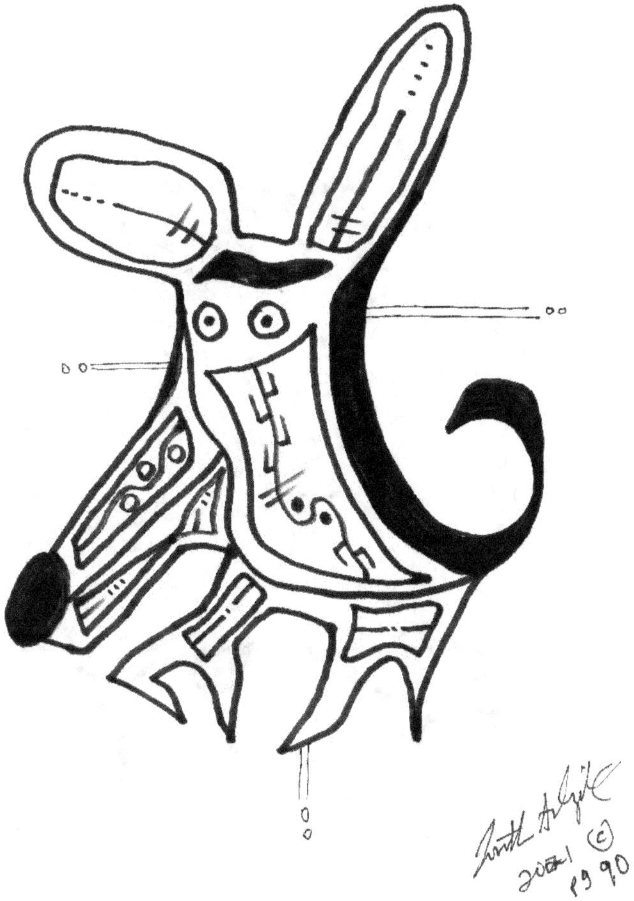

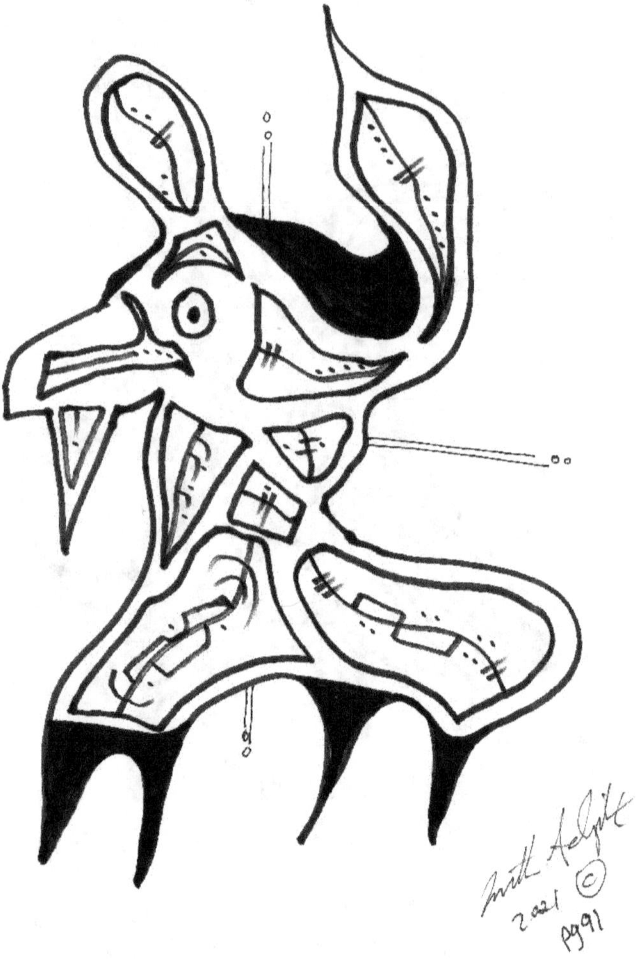
2021 ©
pg91

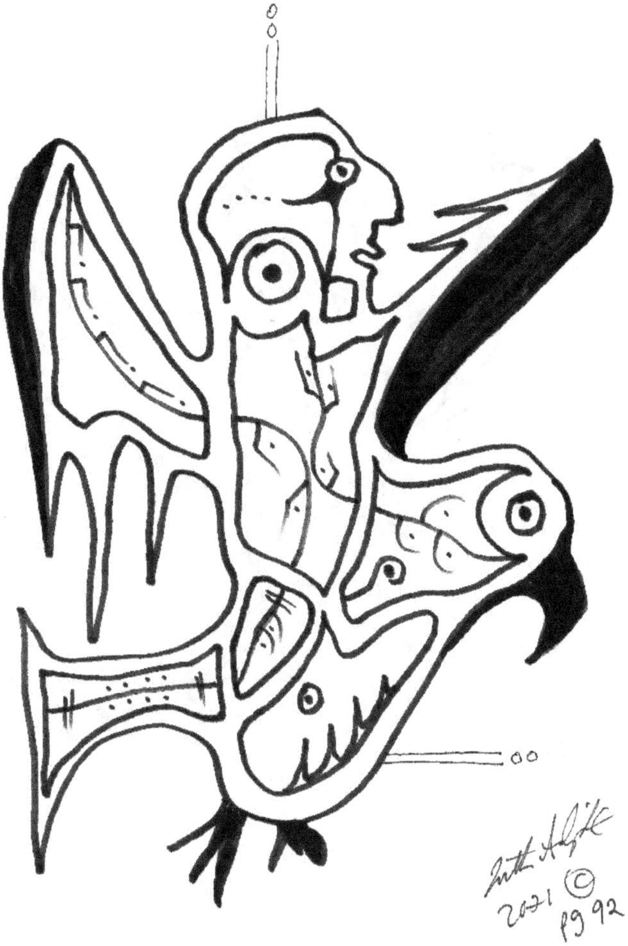
2021 ©
pg 92

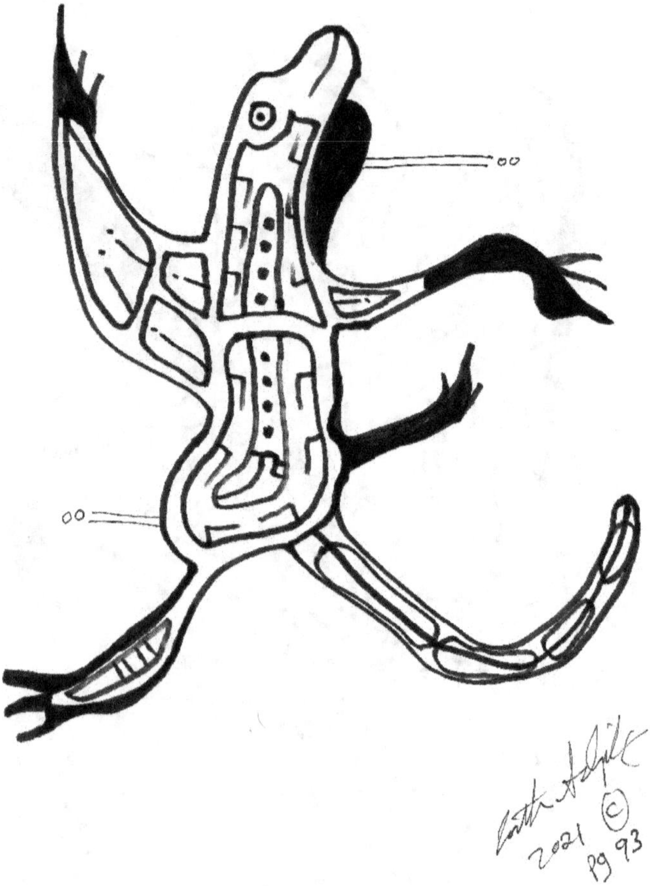
2021 ©
pg 93

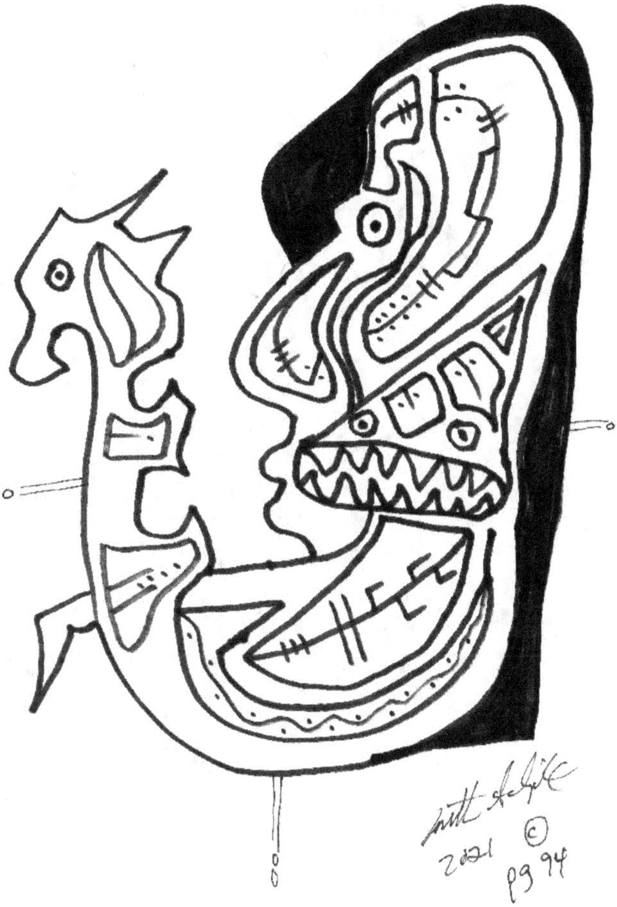

2021 ©
pg 94

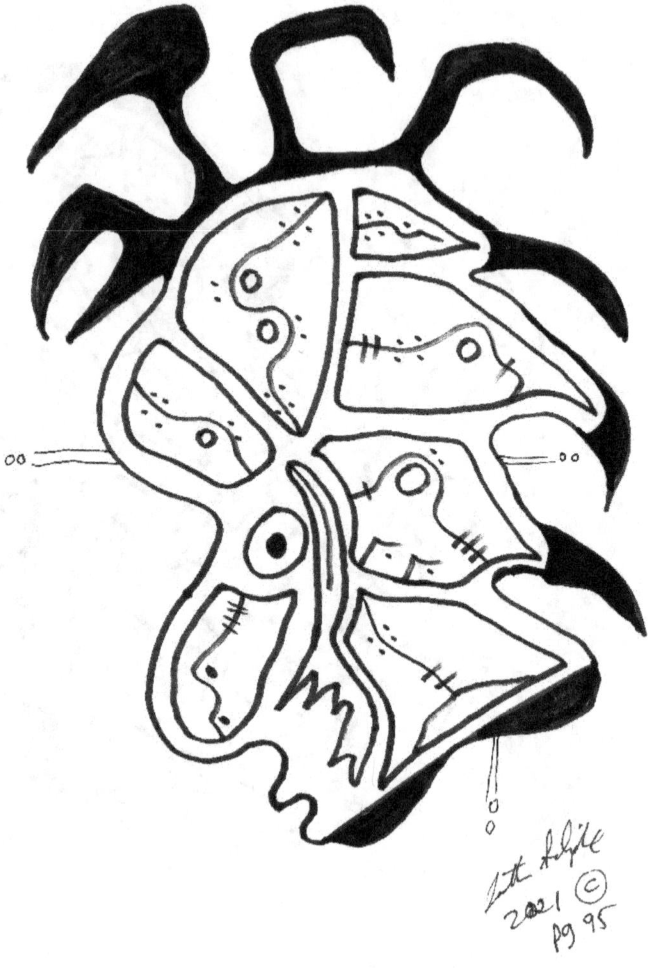
2021 ©
pg 95

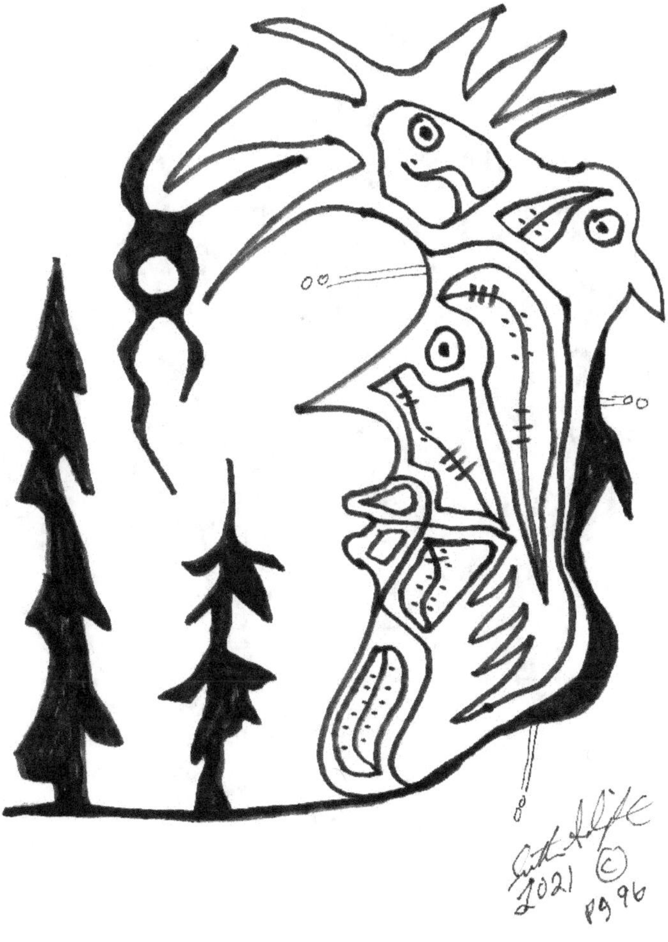
2021 ©
pg 96

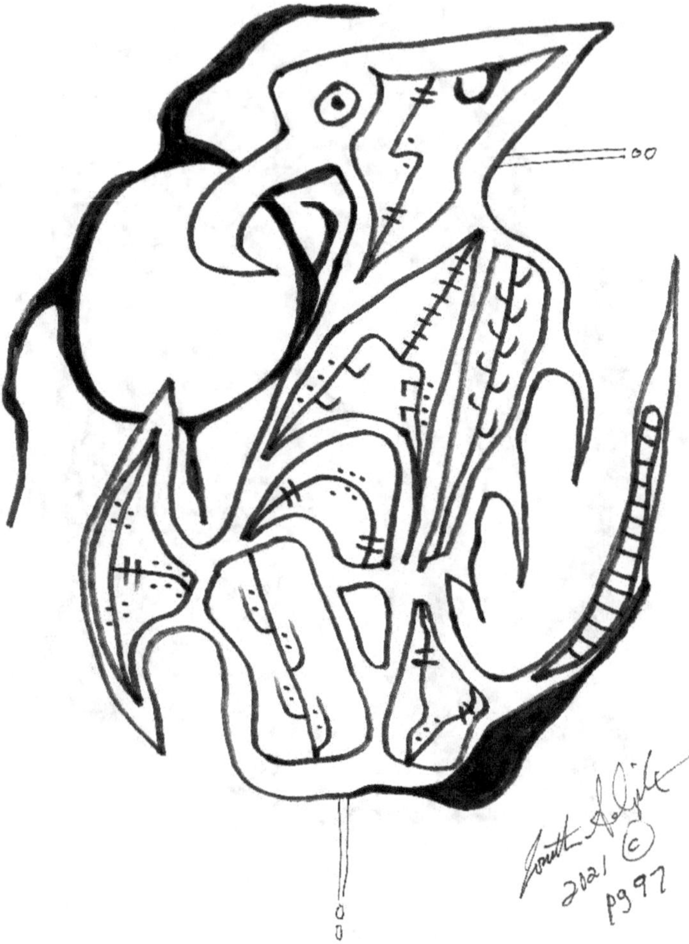
©
2021
pg 97

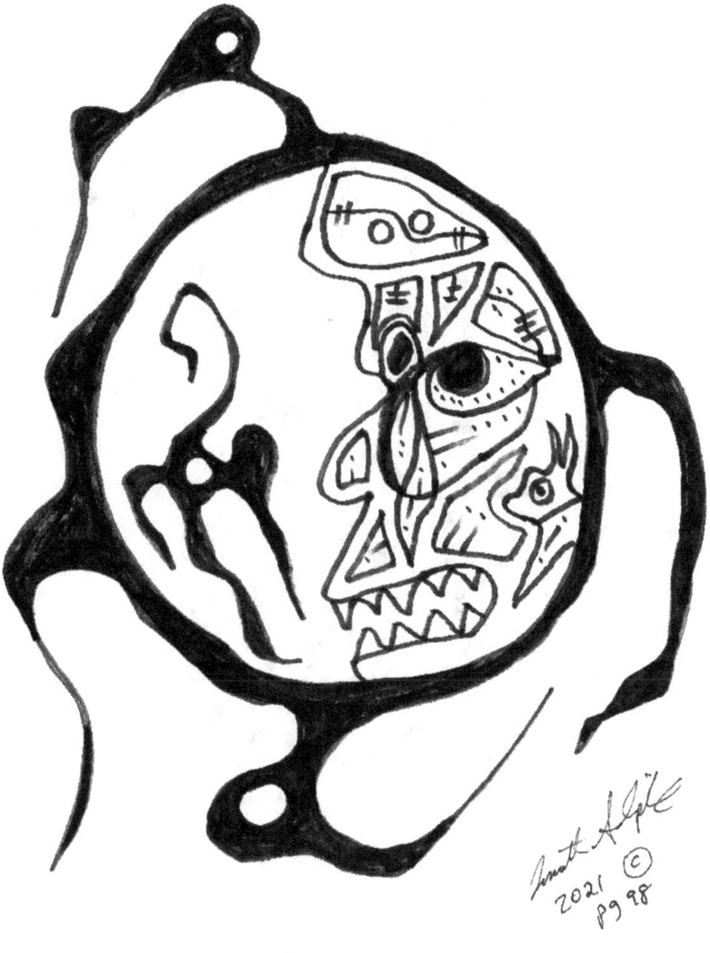
2021 ©
pg 98

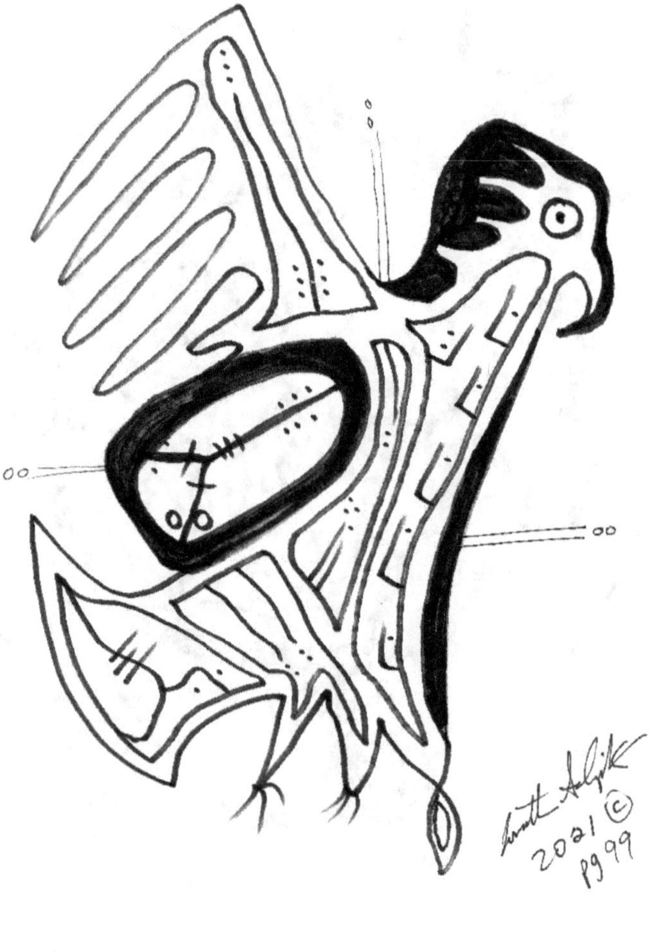
2021 ©
pg99

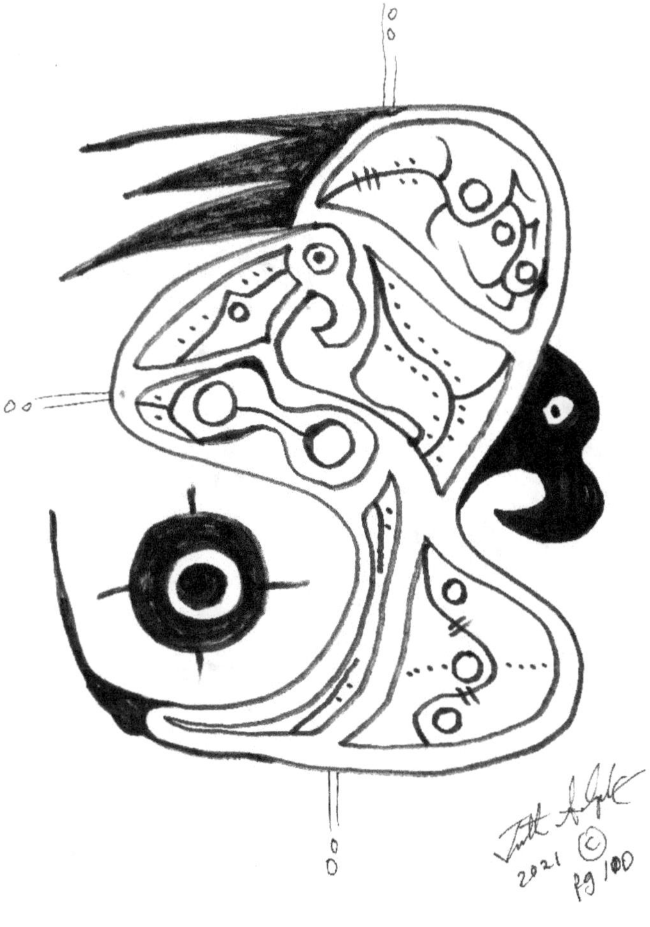
2021 ©
pg 100

www.ingramcontent.com/pod-product-compliance
Lightning Source LLC
Chambersburg PA
CBHW070252220526
45465CB00004B/1589
* 9 7 9 8 7 5 5 8 3 8 2 2 1 *